www.ingramcontent.com/pod-product-compliance
Lightning Source LLC
Chambersburg PA
CBHW031313160426
43196CB00007B/517

بسم الله الرحمن الرحيم

گوشواره عرش

مجموعه کامل شعرهای آیینی
علی موسوی گرمارودی

آنچه در این مجموعه آمده است، آخرین ویراست شعرهاست
از دیدگاه شاعر، از این پس، تنها همین ویراست، پذیرفته است

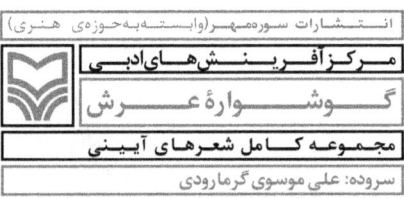

مجموعه کامل شعرهای آیینی

سروده: علی موسوی گرمارودی

طراح جلد: محراب اسدخانی

اچاند اس مدیا ؛ تحت امتیاز انتشارات سوره مهر
چاپ بر اساس تقاضا : ۱۳۹۳
شابک: ۶-۸۰۹-۱۷۵-۶۰۰-۹۷۸
نقل و چاپ نوشته‌ها منوط به اجازهٔ رسمی از ناشر است.

سرشناسه: موسوی گرمارودی، علی، ۱۳۲۰ -
عنوان و نام پدیدآور: گوشواره عرش : مجموعه کامل شعرهای آیینی / علی موسوی‌گرمارودی ؛ [برای] مرکز آفرینش‌های ادبی، حوزه هنری، [سازمان تبلیغات اسلامی].
مشخصات نشر: تهران: شرکت انتشارات سوره مهر، ۱۳۸۸.
مشخصات ظاهری: ۳۲۰ ص.
وضعیت فهرست نویسی: فیپا
موضوع: شعر فارسی -- قرن ۱۴
موضوع: شعر مذهبی -- قرن ۱۴
موضوع: شعر مذهبی -- ایران -- تاریخ و نقد
شناسه افزوده: شرکت انتشارات سوره مهر
شناسه افزوده : سازمان تبلیغات اسلامی. حوزه هنری. مرکز آفرینشهای ادبی
رده بندی کنگره: ۱۳۸۸ ۹گ۵۷و/pir۸۲۲۳
رده بندی دیویی: ۸فا۱/۶۲
شماره کتابشناسی ملی: ۵۳۲۳۲۹۱

نشانی: تهران، خیابان حافظ، خیابان رشت، پلاک ۲۳
صندوق پستی: ۱۱۴۴–۱۵۸۱۵. تلفن: ۶۱۹۴۲. سامانه پیامک: ۳۰۰۵۳۱۹
تلفن مرکز پخش: (پنج خط) ۶۶۴۶۰۹۹۳ فکس: ۶۶۴۶۹۹۵۱
www.sooremehr.ir

نماز سرخ / ۷۳	چند یادآوری / ۹
گُل خدا / ۷۷	پیش‌گفتار نخست / ۱۱
جست‌وجو / ۷۹	**پیش‌گفتار دوم: نگاهی به شعرهای آیینی**
فطرت / ۸۰	**زنده‌یاد دکتر سید حسن حسینی / ۳۱**
رباعی / ۸۲	**پیش‌گفتار سوم: نگاهی به شعرهای**
محمد صلی الله علیه و آله / ۸۳	**آیینی قیصر امین‌پور / ۴۵**
کودکِ آفتابْ سایه / ۸۵	شعرهای آیینی قیصر / ۵۴
خاستگاه نور / ۹۱	**الله جلّ جلاله / ۶۱**
امام عاشقان، پیغمبر عشق / ۹۹	ای تو سرواژهٔ کلام وجود / ۶۳
هی‌هی از این عشق خوش احمدی / ۱۰۲	جهان چون دستْ خطِ کردگار است / ۶۶
خاتون کبریا سلام الله علیها / ۱۰۵	سخنی در عشق / ۶۹
پناه / ۱۰۷	مناجات / ۷۱
خاتون کبریا / ۱۱۰	
در سوک حضرت زهرا، سلام الله علیها / ۱۱۵	

نقش کبریا / ۱۹۳	رباعی / ۱۱۹
حرّ / ۱۹۴	**سیدالمظلومین، امیرالمؤمنین،**
عشق، حماسه، غم / ۱۹۷	**حضرت امام علی صلوات الله علیه / ۱۲۱**
حبیب بن مظاهر / ۱۹۸	در سایه‌سار نخل ولایت / ۱۲۳
حضرت علی اصغر / ۱۹۹	ما کجا، آن خوب، آن زیبا کجا / ۱۳۰
حضرت قاسم بن حسن / ۲۰۰	خدا، تنها خدا داند علی کیست / ۱۳۳
حضرت علی اکبر / ۲۰۲	اقیانوس / ۱۳۹
عقیلهٔ بنی‌هاشم، حضرت زینب / ۲۰۳	غدیر / ۱۴۱
حضرت ابوالفضل / ۲۰۴	رباعی‌های علوی / ۱۴۳
حضرت سیدالساجدین / ۲۰۵	کوهواره / ۱۴۵
سالار شهیدان حضرت ابا عبدالله - ۱ / ۲۰۶	حماسه‌بان غدیر / ۱۴۷
سالار شهیدان حضرت ابا عبدالله - ۲ / ۲۰۷	میلاد آفتاب / ۱۵۲
ما و سالار شهیدان - ۱ / ۲۰۸	**گوشوارهٔ عرش، حضرت امام حسن**
ما و سالار شهیدان - ۲ / ۲۰۹	**مجتبی، صلوات الله علیه / ۱۵۷**
	گوشوارهٔ عرش / ۱۵۹
حضرت ابافاضل عبّاس بن علی	
صلوات الله علیه / ۲۱۱	**حضرت سیدالشهدا، حسین بن**
ساقی حق / ۲۱۳	**علی، صلوات الله علیه / ۱۶۷**
وفای ره‌یاری / ۲۱۶	خط خون / ۱۶۹
ای زره‌پوشیده از پولاد عشق / ۲۱۷	ای سرفراز خدایی / ۱۸۲
	کربلا آیینهٔ عشق خداست / ۱۸۳
حورای تشیّع، عقیلهٔ بنی‌هاشم، زینب	شب یازدهم محرم / ۱۸۵
سلام الله علیها / ۲۲۳	شب شراب... و شب خون / ۱۸۶
دخت علی را نتوان دست بست / ۲۲۵	و شب خون / ۱۸۸
افراشته باد قامت غم / ۲۲۷	**آغاز روشنایی آینه، ترکیب بند**
سفیر سترگ و مظلوم حقیقت، مسلم	**عاشورایی در ۱۵ بند / ۱۹۱**
بن عقیل، سلامَ الله علیه / ۲۳۱	از گلوی غمگین فرات / ۱۹۳

عقل را در کار مسلم راه نیست / ۲۳۳

حضرت سَیدالسّاجدین، زین‌العابدین ذوالثُّفَنات، علی بن الحسین صلوات الله علیه / ۲۳۷
حضرت سیدالساجدین / ۲۳۹

حضرت امام محمد بن علی الباقر / ۲۴۱
امام پنجم صلوات الله علیه / ۲۴۳

حضرت امام جعفر صادق صلوات الله علیه / ۲۴۵
طلوع آسمانی / ۲۴۷

حضرت امام موسی بن جعفر صلوات الله علیه / ۲۴۹
از فراسوی رشتهٔ زنجیر / ۲۵۱
کریمهٔ اهل بیت / ۲۵۳

حضرت امام علی بن موسی الرضا صلوات الله علیه / ۲۵۵
سپیدهٔ هشتم / ۲۵۷
عاشقان را کو پناهی غیر توس / ۲۶۲
گرگ و آهو / ۲۶۵

حضرت امام محمد تقی (جواد الائمّه) صلوات الله علیه / ۲۶۷
علم لدنّی / ۲۶۹

حضرت امام هادی صلوات الله علیه / ۲۷۳
سر ز سامرّا برآور... / ۲۷۵

حضرت امام حسن عسکری صلوات الله علیه / ۲۷۷
بهاری در خزان / ۲۷۹

حضرت اباصالح المهدی ارواح العالمین لتراب مقدمه الفداء / ۲۸۳
خورشید پنهان / ۲۸۵
گیرم او پرده را زند یک سو / ۲۹۰
تو بازآ / ۲۹۲
گل باغ وجود ماسوا / ۲۹۶
انتظار / ۲۹۸

شیخ‌الشیوخ سلسله عشق و معرفت محمدبن نعمان (شیخ مفید) / ۲۹۹
صدای سبز / ۳۰۱

پی‌نگاشت: خط الدَّم / ۳۰۹

چند یادآوری

صاحب این قلم در زمینهٔ شعر آیینی سه مقاله نوشته است:
نخست به عنوان مقدمهٔ کتاب «*چراغ صاعقه*» به درخواست مؤلف آن، برادر شاعرم علی انسانی.

دو دیگر در نقد کتاب «*گنجشک و جبرئیل*»، مجموعهٔ شعرهای آیینی زنده‌یاد دکتر سید حسن حسینی.

سه‌دیگر نگاهی به شعرهای آیینیِ زنده‌یاد دکتر قیصر امین‌پور.

اکنون که مجموعه شعرهای آیینی من در کتابی که در دست دارید، با نام «*گوشوارهٔ عرش*»، به زیور طبع آراسته می‌گردد، آن سه مقاله را پیاپی و به ترتیب تاریخ نگارش، به عنوان پیش‌گفتارهای کتاب حاضر، که بیانگر دیدگاه‌های صاحب این قلم در موضوع و موضع شعر آیینی نیز هست، در آغاز کتاب می‌آورم.

فصل‌بندی شعرها از شعرهای توحیدی آغاز می‌شود و سپس با شعر معصومان علیهم‌السلام به ترتیب سیرِ سنویِ زندگانی آنان، بدون توجه به قالب شعر و نوع آن‌ها (کلاسیک

یا نیمایی یا آزاد) ادامه می‌یابد.

در ذیل اشعار هر معصوم، اشعار مربوط به اقمار و اشخاص مربوط به او را آورده‌ام؛ مثلا شعر مربوط به مالک اشتر و حتی مرثیه بر علّامهٔ امینی صاحب کتاب جهانی «الغدیر» را در ذیل اشعار مربوط به حضرت امیرالمؤمنین علی علیه‌السلام باید جست‌وجو کرد و شعرهای مربوط به حضرت ابوالفضل علیه‌السلام یا حضرت زینب علیهاالسلام را باید بلافاصله پس از اشعار مربوط به حضرت سیّد الشهدا علیه‌السلام و یا شعر مربوط به حضرت معصومه علیهاالسلام را در ذیل شعر حضرت امام موسی کاظم علیه‌السلام و شعر مربوط به شیخ مفید را در ذیل اشعاری که دربارهٔ حضرت بقیّه‌الله ارواحنا لتراب مقدمه الفداء است باید خواند.

پیش‌گفتار نخست[1]

در ره او چو قلم گر به سرم باید رفت
با دلِ زخم‌کش و دیدهٔ گریان بروم

حافظ

کربلا نه تنها رستاخیز عشق، که برپادارندهٔ قیامت تاریخی انسان‌ها و رستاخیزِ جانِ مردمِ مرده است. به قول محتشم، در کربلا جهان از هم می‌گسلد و محشر کُبرای الهی بر پا می‌شود. از آسمان خون می‌بارد و حتّی سُرادقِ گردون نگون می‌گردد. اما، مانند رستاخیز، به تن مردگان جان می‌دمد و انسان‌ها، بر صحنهٔ حیات و پهنهٔ هستی، از تأثیر آن بر پای می‌ایستند؛ بر پای می‌ایستند تا حسین(ع) و راهِ او را بشناسند و به سوگ بنشینند تا خود حسینی شوند. از این روی، واقعهٔ «طفّ» تنها یک حادثهٔ تاریخی نیست. کارنامهٔ حیات سیاسی یک امت و نیز حیاتِ فلسفی یک جامعه و فلسفهٔ حیات یک اجتماع

---

۱. این مقاله را در سال ۱۳۶۵ به عنوان مقدمه بر کتاب *چراغ صاعقه*، نوشته و جمع‌آوردهٔ دوست شاعرم، علی انسانی، (چ۳، انتشارات جمهوری، تهران، ۱۳۸۲، ص ۱۲ـ۳۵) نوشته بودم. در اینجا بخش نخست آن مقدمهٔ خود را آورده‌ام.

است. واقعهٔ طفّ قصه نیست و اگر هست، تنها «قصهٔ عشق» است «کز هر زبان که می‌شنوی نامکرر است» و بیش از هزار و سیصد سال است که آن را از هر زبان می‌شنوی؛ از منابر، در مجالس، تکایا، محافل ادبی، در کتاب‌ها، در مراثی که مردم سینه به سینه بازمی‌گویند... و در خون شهیدان ما تکرار می‌شود.

در حقیقت، از کلامِ هر کس که از ستم می‌خروشد، ندای حسین(ع) می‌جوشد و ندای سرخ وی، چون پرچمی، بر چکادِ هر قیام، در اهتزاز بوده است و تا قیامت نیز خواهد بود.

از این میان، شعرا، این گل‌بانگ را رساتر خروشیده‌اند و از ایشان، هر کس جان‌مایهٔ فریاد خویش را از تولای حسین و حماسهٔ سرخ او بیشتر سیراب ساخته، سرسبزتر برآمده است. چنین است که محتشم در ترکیب‌بند مشهور خود از برخی برترین شاعران تاریخ ادب ما فراتر ایستاده است.

محتشم، از شعرای اوایل عهد صفوی(متوفی به سال ۹۹۶ ه‍.ق)، در دیوان غزلیات و قصاید خود، شاعر متوسطی است. اما در ترکیب‌بندِ موردِ نظرِ ما، نه تنها شاهکار جمیع اشعار خویش، بلکه یکی از چـنـد شعر بی‌همتای زبـان فارسی را آفریده است.

او در سوگ برادر به جوانی مردهٔ خویش نیز ترکیبی در یازده بند دارد، بسیار مشهور و پرشور؛ به مطلعِ:

ستیزگر فَلَکا، از جفا و جورِ تو داد!
نفاق‌پیشه سپهرا ز کینه‌ات فریاد!

اما، با همهٔ شیوایی و پرشوری، در برابر ترکیب‌بندی که در

سوگ حسین(ع) سروده، انگار «زبان طوطی نطقش ز غصه لال شده» است.[1]

❖ ❖ ❖

سوگواری ادبی در ایران سابقهٔ دیرینه‌ای دارد؛ برخی از مشهورترین آن‌ها، عبارت است از:

سوگواری مشهور رودکی در رثای شهید بلخی:

کاروان «شهید» رفت از پیش
وان ما رفته‌گیر و می‌اندیش
از شمارِ دو چشم، یک تن کم
وز شمار خرد، هزاران بیش

در شاهنامهٔ شاعر شیعی بلندآوازه، حکیم ابوالقاسم فردوسی، نیز چندین سوگ بلند وجود دارد؛ از جمله سوگ سیاوش، زاری رستم بر بالین سهراب، سوگ اسفندیار و چند و چندین سوگواری دیگر، از جمله سوگواری فردوسی در مرگ فرزند خویش:

مگر بهره برگیرم از پندِ خویش
برانديشم از مرگ فرزندِ خویش
مرا بود نوبت، برفت آن جوان
ز دردش منم چون تنی بی‌روان
شتابم همی، تا مگر یابمش
چو یابم، به بیغاره[2] بشتابمش
که نوبت مَرا بُد، تو بی‌کام من
چرا رفتی و بردی آرام من؟

---

۱. این مصراع نیز از محتشم و از همان ترکیب‌بندی است که در سوگ برادر سروده است.
۲. سرزنش.

ز بدها تو بودی مرا دستگیر
چرا راهِ جُستی ز همراهِ پیر؟
مگر همرهانی جوان یافتی
که از پیشِ من تیز بشتافتی؟
برفت و غم و رنجش ایدَر¹ بماند
دل و دیدهٔ من، به خون در نشاند
مرا شصت و پنج و ورا سی و هفت
نپرسید ازین پیر و تنها برفت

و نیز رَثای مشهور مسعودِ سعدِ سلمان در مرگ شاعر نامی، سید حسن غزنوی، یا مرثیهٔ همو در مرگ فرزندش، رشیدالدین، به مطلع «گریهٔ زارزار درگیرید»

یا سوگنامهٔ منظومِ انوری ابیوردی به خاقان سمرقند در شکایت از فتنهٔ غُز:

به سمرقند اگر بگذری ای بادِ سحر
نامهٔ اهل خراسان به سویِ خاقان بر
نامه‌ای مطلع آن رنج تن و آفت جان
نامه‌ای مقطع آن دردِ دل و خونِ جگر
نامه‌ای بر رقمش آهِ عزیزان پیدا
نامه‌ای در شکنش خون شهیدان مُضمَر...

و یا چکامهٔ بسیار مشهور خاقانی شروانی در تحسّر از دیدن خرابه‌های مداین:

هان ای دل عبرت‌بین، از دیده عبر کن، هان
ایوان مداین را، آیینهٔ عبرت دان

---

۱. بر وزنِ بی‌سر، یعنی: اینجا و اکنون.

و نیز ترکیب غرّا و بلندِ او در سوکِ[1] فرزندش، رشید، و همچنین قصیده‌های بلند دیگر در عزای برخی مشاهیر زمانِ خویش. و قصیدۀ بلند کمال‌الدین اسماعیل اصفهانی در مرگ فرزندش، که در سفر از دنیا رفته بود:

همرهان نازنینم از سفر بازآمدند
بدگمانم تا چرا بی‌آن پسر بازآمدند
ارمغانِ حنظل آوردند و صبر از بهر ما
گرچه خودْ با تَنگ‌هایی[2] از شکر بازآمدند...

نظامی گنجوی نیز، در خمسۀ گران‌قدر خود، مرثیه‌های بسیار دارد. از جمله در سوک دارا و در مرگ خسرو و شیرین و در وفات لیلی و مجنون و جز آن‌ها.

سعدی و حتی حافظ نیز مراثی دارند. مرثیۀ فخیم حافظ، در مرگ شاه شیخ ابواسحاق، بسیار مشهور است:

یاد باد آنکه سرِ کوی توام منزل بود
دیده را روشنی از خاکِ درت حاصل بود

تا آنجا که می‌فرماید:

دیدی آن خاتم فیروزۀ بواسحاقی
خوش درخشید ولی دولت مستعجل بود

باری، این شیوۀ سوگواری ادبی، نَزد تمام شعرا معمول است؛ پس از حافظ هم، همچنان، تا زمان ما پیروی شده است که ذکر همه در این مجال نمی‌گنجد و خود درخور تدوین کتابی‌ست.[3]

---

۱. کلمۀ «سوک» در اصل با کاف با اوستایی‌ست؛ هم به معنی ماتم و عزا و هم به معنی اندوه و غم. اما با کاف فارسی (گاف) نیز درست است. رجوع فرمایید به حواشی دکتر معین بر برهان قاطع، ذیل همین کلمه.
۲. تَنگ به فتح اول، به معنی «بار» و «حمل» است و بنابر این تنگ شکر یعنی بار شکر.
۳. مرحوم کوهی کرمانی در سال ۱۳۳۳ هجری شمسی کتابی با نام سوگواری‌های ادبی

و اما در حوزهٔ سوگواری‌های مذهبی فارسی، خاصه در سوگ سیدالشهدا و آل‌الله و ائمّهٔ معصوم سلام الله علیهم اجمعین، در شعر ما، از همان قرون اوایل هجری قمری، اهتمام بسیار شده است. [در شعر عربی شاید بیشتر و بهتر از ما، شاعرانی چون کمیت و دعبل و مهیار دیلمی و شریف رضی و دیگران چکامه‌های بلند در مراثی دارند.]

شعرای شیعی فارسی، حتی در روزگارانی که حکومت در دست کسانی به جز شیعیان بود، از ذکر مصیبت‌های اهل بیت در اشعار خویش دریغ نکردند؛ از کسایی مروزی و قوامی رازی تا دیگران...

اما از روزگار صفویه به بعد، شاعران ما، در این زمینه، به دلیل آزادی بیشتر در بیان این مصیبت‌ها، اهتمام ویژه‌ای به کار برده‌اند؛ که از آن میان، از بهترین‌ها یکی محتشم است و دیگر نیاز جوشقانی[1] هر دو از دورهٔ صفویه. و در دورهٔ قاجاریه نیز چند تن را می‌توان نام برد که در این زمینه شعرهای بلند و استوار و خواندنی و ماندنی دارند.

یکی حاج سلیمان صباحی بیدگُلی کاشانی، شاعر اوایل سدهٔ سیزدهم هجری قمری، معاصر آغامحمد خان قاجار است، که مرثیه نیک می‌سرود و ترکیب‌چهارده‌بندی وی در اقتفای محتشم مشهور است. یک بیت از آن را تیمّناً می‌آورم:

افتاد شامگه به کنار افق، نگون
خور، چون سر بریده ازین تشت واژگون

ترکیب‌بند صباحی، جای جای، حتی از محتشم نیز بالاتر

در *ایران*، در سلسلهٔ انتشارات کانون معرفت، در تهران منتشر کرد.
۱. دیوان نیاز جوشقانی، به کوشش احمد کرمی، نشر تالار کتاب، تهران، ۱۳۶۳.

می‌ایستد. اما انصاف آن است که علاوه بر فضلِ تقدم محتشم، یک‌دستی و یک‌پارچگی و انسجام ترکیب‌بند محتشم در مجموع بیشتر است.

دو دیگر میرزامحمد شفیع، ملقّب به میرزا کوچک وصال شیرازی (۱۱۹۷ـ۱۲۶۲) است،[۱] که او نیز ترکیب بندهای شیوایی در سوک آل الله دارد و از آن میان سوک حضرت امام حسن مجتبی، علیه‌صلوات الله، از همه نیکوتر افتاده و شاید در سوک آن حضرت، والاترین و بهترین شعر موجود است؛ به‌ویژه بندِ هفتم آن:

در تاب رفت و تشت به بر خواند و ناله کرد
آن تشت را ز خون جگر، باغِ لاله کرد
خونی که خورد در همه عمر، از گلو بریخت
خود را تهی ز خونِ دل چند ساله کرد
نَبوَد عجب که «خون جگر» ریخت در قدح
عُمریش روزگار، همین، در پیاله کرد...

وصال مثنوی‌های شیوایی نیز در رثای اهل بیت دارد.

کسانی را که در مرثیه‌گویی به معنای اخصّ آن، یعنی در «مراثی سینه‌زنی»، دستی دارند، باید جدا در رساله‌ای نام برد که خود حوزهٔ گسترده‌ای است و شاعران این زمینه، برخی، کارنامه‌های درخشانی دارند و هرچند برخی از آنان شهرت عام نیافته‌اند، چون بیدل باغدشتی الموتی و سید میرزاآقا بسمل سخت سری و میرزا موسی مُکلّای طالقانی، اما آثاری استوار و شیوا برجای نهاده‌اند.

من در اینجا ازین سه تن، به جز بیدل که دیوان او حدود

---

۱. رجوع کنید به خاندان وصال شیرازی، دکتر ماهیار نوّابی، تبریز، ۱۳۳۵، ص ۳۲.

صد و بیست سال پیش به چاپ سنگی رسیده و به هر حال در کتابخانه‌ها موجود است، از بسمل و مُکلّا، که آثار آنان را تنها از بیاض‌های موجود در میان مردم رامسر و طالقان می‌توان سراغ گرفت، چند بیت را از جُنگی خطی تیمّناً ذکر می‌کنم. زیرا در هیچ کتاب و تذکره‌ای نیامده است.

میرزا موسی مُکلّای طالقانی در مرثیه‌ای برای سینه‌زنی سنگین و یک‌ضرب، با موضوع گفت‌وگوی حضرت اباعبدالله با جبرئیل، می‌گوید:

از چه منصور مَلَک، با آهِ شبگیر آمدی؟
گر به یاری آمدی، خوب آمدی، دیر آمدی...
از چه با فوج مَلَک، ز اوج فَلَک کردی نزول
موج دریای شهادت را عنان‌گیر آمدی
کی فرشته با فرشته‌آفرین بازی کند؟
در مصاف روبهان، بر یاری شیر آمدی

تا آنجا که می‌گوید:

ای «مُکلّا» آتش افکندی به ارکان جهان
زین معما بی‌خبر، ناخوانده تفسیر آمدی!

از سید میرزاآقا بسمل سخت سری[1] هم هنوز در رامسر و روستاهای اطراف آن مرثیه‌های بلند سینه‌زنی بین مردم به جای مانده که در سینه‌ها و یا در بیاض‌های خطی باقی است. بسمل، مرثیه‌های پرتصویر و بدیعی دارد.

صبح عاشوراستی، یا محشر عُظماستی
دستِ عباسِ علی، یا شاخهٔ طوباستی

---

۱. بسمل با میرزا محمد تنکابنی، صاحبِ قصص‌العلماء، هم‌زمان و معاصر بوده است.

بید مجنون یا کمان یا قامت زهراستی...

سخن به درازا کشید. با آنکه منظور بنده ذکر نوحه‌ها و مراثی سینه‌زنی نبود، اما این دسته از خدمت‌گزاران آستان والای حسینی، سلام الله علیه، و تأثیر شگرف و بشکوهی که در بیداری اقالیم تشیع سرخ حسینی داشته‌اند، خود حوزهٔ گسترده ای از ادب آیینی را فرامی گیرند و سزیدهٔ یادآوری است.

از دیگر مرثیه‌سرایان قوی، پس از میرزا تقی خان علی آبادی، باید از عمان سامانی نام برد که از بسیاری از همگنان سر ایستاده است.

میرزا نورالله عمان از مردم سامان چهارمحال و بختیاری و جدّش، قطره، و پدرش، جیحون، و عمویش، دریا، و برادرش، قلزم، و فرزندش، محیط، همه از شاعران آل الله بوده‌اند. (تخلص های شعری این خاندان همه به مفهوم استعاری اشک اشاره دارد.) دیوان عمان سامانی (متوفای ۱۳۲۲ هـ‌ق) بارها چاپ شده است.[۱] او بیشتر اشتهار خود را مدیون مثنوی بلند گنجینةالاسرار[۲] خود است که سوگی است پرشور و عرفانی برای حضرت سیدالشهداء، سلام الله علیه؛ با زبانی فصیح و گرم و گیرا و درخور شأن عظیم واقعهٔ طفّ. به چند بیت از آن با هم نگاهی بیفکنیم:

در مزاج کفر شد خون بیشتر
سر برآوری ای خدا را نیشتر

---

۱. دیوان عمان به خط فضایلی (۱۴۰۱ ق) از سوی انتشارات «میثم تمّار» در اصفهان انتشار یافته است.
۲. ترکیب نادرست گنجینهٔ فارسی و الاسرار عربی از شاعر فاضل بلندسخنی چون عمان سامانی بعید می‌نماید:
چون که از اسرار سنگین بار شد
نام آن گنجینةالاسرار شد
به ضرورت وزن هم به‌راحتی می‌توانست گنجینهٔ اسرار بگوید.

❖ ❖ ❖

معجر از سر، پرده از رُخ واممکن
آفتاب و ماه را رسوا مکن
هر چه باشد تو علی را دختری
ماده‌شیرا، کی کم از شیر نری؟

❖ ❖ ❖

آمد و افتاد از ره با شتاب
همچو طفل اشک بر دامان باب
کای پدر جان، همرهان بستند بار
مانده بار افتاده من در رهگذار
دیر شد هنگام رفتن ای پدر
رخصتی گر هست باری، زودتر!
در جواب از تَنگ شکّر، قند ریخت
شکّر از لب‌های شکّرخند ریخت:
راست بهر فتنه قامت کرده‌ای
وه کزین قامت قیامت کرده‌ای
از رخت مست غرورم می‌کنی
از مُراد خویش دورم می‌کنی
گه دلم پیش تو گاهی پیش «او»ست
رو که با یک دل نمی‌گنجد دو دوست
بیش ازین بابا دلم را خون مکن
زادهٔ لیلا مرا مجنون مکن
جان رهین و دل اسیر چهر توست
مانع راه محبت، مهر توست

چون تو را «او» خواهد از من رو نما
رونما شو جانب او رو نما

❖ ❖ ❖

پس سلیمان بر دهانش بوسه داد
اندک اندک خاتمش بر لب نهاد
مُهر، آن لب‌های گوهر پاش کرد
تا نیارد سرّ حق را فاش کرد
هر که را اسرار حق آموختند
مُهر کردند و دهانش دوختند

اما اگر بخواهیم از میان تمام این سخنوران، که به اختصار و گزینش ذکرش کردم (زیرا به هیچ وجه در مقام استقصا نبودم)، تنها یک نفر را انتخاب کنیم، چنان که پیش‌تر نیز اشاره کردم، آن یک نفر محتشم کاشانی (متوفای ۹۹۶ ه‍. ق) است.

ترکیب‌بند عاشورایی او از زمان شاعر بی‌درنگ مورد توجه همگان و همگنان قرار گرفته است؛ به گونه‌ای که در آغاز قرن یازدهم شاعری به نام میرنجات تنها سالیانی کوتاه پس از مرگ محتشم، در هجویه‌ای که برای یکی از مصادر امور وقت سروده، مصراع دومِ اغلب بیت‌های ترکیب او را تضمین کرده است.

ای صدر بی‌مثال که در روزگار تو
«کار جهان و خلق جهان جمله درهم است»
تا پا به جای صدرنشینان گذاشتی
«سرهای قدسیان همه بر زانوی غم است»...

...گردن زند تو را و کند فارغت ز دین
«پروردهٔ کنار رسول خدا حسین(ع)»...

[برای دیدن تمام این هجویه رجوع فرمایید به *جنگ مرتضی‌قلی شاملو*، گردآوردهٔ سال ۱۰۶۹ هجری قمری، *نسخه‌شناسی و فهرست‌نگاری* از ایرج افشار و احمد منزوی، از انتشارات مرکز دایرةالمعارف بزرگ اسلامی، چاپ نسخه برگردان از روی نسخهٔ خطی، تهران ۱۳۸۲، ص ۳۱۰ـ۳۱۴]

نگاهی به ترکیب‌بند شیوای محتشم بیفکنیم:

باز این چه شورش است که در خلق عالم است
باز این چه نوحه و چه عزا و چه ماتم است

شاعر، ترکیب‌بند عالی و استوار خود را با کلمهٔ «باز» می‌آغازد. می‌دانیم که این کلمه، در اینجا، به معنی «دوباره» و «دیگر» است. اما شاعر با آنکه می‌توانست بگوید:

دیگر چه شورش است که در خلق عالم است

از کلمهٔ «باز» استفاده می‌کند تا بر آغاز شدن و باز شدن پردهٔ پرتصویر شعر خویش نیز تلمیحی و تلویحی باشد. زیرا بیتِ مطلع هر شعر و به ویژه نخستین کلمهٔ آن، خود، مانند دری است که بَر تمام ساختمان شعر گشوده می‌شود و چه بهتر که این در از همان آغاز باز باشد!

از جهت معنا هم، «باز»، که در اینجا به معنی دوباره و دگربار است، نشانهٔ استمرار و تداوم حماسهٔ عاشوراست. صاحب این قلم نیز، خود، در شعر آزاد «خط خون»، با توجه به همین تداوم، گفته است:

«...کربلای تو

مصاف نیست؛
منظومهٔ بزرگ هستی‌ست
طواف است»[1]

من نیز، در این شعر، کربلای حسینی را منظومهٔ بزرگ هستی و تداوم آن را چون خطّ دَوَرانی طواف می‌بینم و، مانند محتشم، بر این عقیده‌ام که عاشورا یک حادثه نیست تا تنها در مقطعی از زمان تمام شده باشد و ما هر سال آن را تنها به یاد آوریم، بلکه در منظومهٔ مُدوام و گردان هستی، همواره حضور دارد و حیات می‌بخشد؛ درست مثل خورشید. گیرم در یازده ماهِ پس از محرّم پشتِ کوهسار زندگی ما، پنهان است و آن سوی هستی ما را گرما می‌بخشد و «نهر نورِ آن، زان سوی این دنیا بود جاری»[2] و دوباره، در مُحرّم، مستقیم بر متنِ مغز و روح و حیات ما می‌تابد. تعبیر «ظهر عاشورا» نیز در محاورات مردم، با آنکه امام، سلام‌الله‌علیه، حدود عصر عاشورا شهید شده‌اند، خالی از همین نکته و اعتبار نیست.

شعر را دنبال می‌کنیم. شاعر، بند اول را، که مفتاح سوگنامهٔ اوست، با ذکر کلیات واقعهٔ طفّ و تأثیر کیهان‌شمول کربلا می‌آغازد. واقعه را شورشی دَوَرانی در خلقت عالم و رستخیز سترگی می‌بیند که بر مدار حرکت تاریخی خویش، بی‌نیاز نفخهٔ صور، برپا شده است و می‌شود؛ با همان انقلاب و تأثیری که در عرصه‌ای به وسعت کائنات، از زمین تا عرشِ اعظم، به

---

۱. شعر «خطّ خون» از کتاب خطّ خون، مجموعه شعر سپید از گرمارودی، تهران، زوّار، ۱۳۶۴.
۲. فرازی از شعر نیمایی «خاستگاه نور» از صاحب این قلم. رجوع کنید به کتاب سایه‌سار نخل ولایت، از علی موسوی گرمارودی، انتشارات دفتر نشر فرهنگ اسلامی، تهران، ۱۳۵۷. یا به صدای سبز، نشر قدیانی، بخش شعرهای نیمایی.

وجود می‌آورد و به مثابهٔ «طلوع خورشید از مغرب» است، گویی کشش و جذبهٔ آن، پایدارترین نظام‌های عالم را نیز بر هم می‌زند:

گویی طلوع می‌کند از مغرب، آفتاب
کآشوب در تمامیِ ذراتِ عالم است

و این همه را، خورشیدِ آسمان و زمین، پروردهٔ کنار رسول‌الله(ص)، سیدِ جوانانِ مینوی و سرور شهیدان معنوی، گوشوارهٔ دوم عرش، امام سوم ما، سیدالشهداء، نبیّ العرفاء، حسین، علیه‌آلاف الثناء، و سوگ سترگ او در ماه پیام و قیام، ماه عبرت و اعتبار، ماهِ بی‌سیرتی ستم، ماه جنبش عالم، ماه محرّم، پدید می‌آورد.

و محتشم، چون نام حسین(ع) و محرم را می‌بَرَد؛ در بند دوم بی‌فاصله و بی‌درنگ، بر او مویه می‌کند و با تکیه بر مکان این ذبح عظیم، یعنی کربلا با ردیف قرار دادن آن در سراسر ابیات بند دوم، چشم را لختی بر آن شهید می‌گریاند و مظلومیت پُرحماسهٔ او را، جای جای، در مویهٔ خویش، یادآور می‌شود که جلوهٔ توّلای شاعر است؛ هرچند شاعر از نشان دادن ساحتِ حماسی آن، کم و بیش، قصور ورزیده است.

گر چشم روزگار بر او زار می‌گریست
خون می‌گذشت از سَرِ ایوان کربلا
از آب هم مضایقه کردند کوفیان
خوش داشتند حرمت مهمان کربلا

در بند سوم، که جلوه‌گاه تبرّای شاعر است، با نفرین آرزو می‌کند که کاش دیگر از هستی نشانی بازنمی‌ماند. زیرا در

شگفت است که چگونه آسمان‌ها و زمین و کوه‌ها و روزگار بر جای ماندند و این حماسهٔ خون و شرف و این تراژدی شگرف تاریخ و اعصار را نگریستند و از هم نپاشیدند!

کاش آن زمان سُرادق گردون نگون شدی
وین خرگه بلندستون بی‌ستون شدی

همین جا به اشارتی کوتاه بگوییم که چون پایانِ بند دوم ذکر آتش زدن خیمه‌ها بود، در اولِ بند سوم، نخستین تعبیر در نفرین‌های پیاپی شاعر، «سُرادق گردون» و «خرگه بلندستون» است که لطف تناسب آن بر خوانندهٔ نکته‌یاب پوشیده نیست.

تا اینجا، یعنی تا پایان بند سوم، تازه وارد مطلب اصلی می‌شود و نخست به حرکت انبیا، در گذار رهنمایی‌های آن‌ها، اشاره می‌کند و اشاره می‌کند به اینکه آنان به سبب مسئولیت خطیر راهنمایی مردم، بلا و غم را به جان خریدند:

بر خوانِ غم چو عالمیان را صلا زدند
اول صلا به سلسلهٔ انبیا زدند

و آن گاه اشارتی می‌کند که از پَسِ پیامبر اکرم، صلی الله علیه و آله و سلّم، که مسئولیت نبوت با خاتمیت وی خاتمه یافت، از آنجا که جهان به بلوغ تاریخی رسیده بود، در رهنمونی اُمت‌ها، امامت و ولایت، جانشین نبوت شد و اولیاء، که سیزده معصوم پاک هستند، حاملانِ همهٔ رنج‌ها و دردهای تاریخ انبیا شدند و ازین روی نوبت به اولیا چو رسید، آسمان تپید!

از اینجا شاعر با سیری سَنَوی[1] مصائب اولیای پیش از

---

[1]. این تعبیر را مرهون دوست دانشمندم، بهاءالدین خرمشاهی، هستم که در برابر تعبیر فرنگی کرونولوژیک (chronological) پیشنهاد کردند. هم ایشان یادآور شدند که پیش‌کلمهٔ کرون (chron) را برخی ریشهٔ یونانی همان قرن عربی می‌دانند.

حسین(ع) را، هر یک، در سطری از شعر، فشرده و زیبا، تصویر می‌کند و بعد، دوباره به حسین، علیه‌السلام، بازمی‌گردد و چون سوگنامه به نام اوست بر آن است که سوگ او را بگسترد و این غم‌نامه را، جزء به جزء، بازگوید و لذا از بند پنجم تا آخر بند دهم امّهات واقعۀ عظیم کربلا را به ترتیب دقیق زمانی، بند به بند، تصویر می‌کند که به رعایت اختصار از شرح آن درمی‌گذرم.

در بند یازدهم «فرود» را به زیباترین زبان تمهید می‌کند و با خطاب‌های پیوستۀ «خاموش محتشم!»، که در تمام ابیات این بند تکرار می‌شود، نتایج و آثار یادآوری این سوگ را در عالم و آدم، بازمی‌نماید و می‌توان گفت، به نوعی، معناً به مطالب بند اول و دوم بازمی‌گردد که یک نوع «ردّ العَجُزِ الی الصدر» معنوی است.

و سرانجام در بند دوازدهم «فرود» می‌آید. اما چون عقابی تیزپرواز، پس از پروازی بلند و آسمانی، خسته و مغموم، بر خاک می‌نشیند و یا چون ابری بلند، یازده منزل، خون گریسته و اینک گریه بند آمده، اما هنوز زلال اشک و هق‌هق مویه، در پهنای صورت و چنبرِ گلوی شاعر باقی است و دلش از درد و سوز نگشوده است؛ چراکه این سوگی نیست که انتهایی داشته باشد و تا جهان باقی است، حسین و سوگ او باقی است و لذا شاعر، دردمندانه، می‌سُراید:

ای چرخ غافلی که چه بیداد کرده‌ای...

و سپس، به همین روی، نام زشت ستمبارگان را، در طوفانی از نفرت و کینه، با ذکر ننگی که بدان آلوده‌اند، بیان می‌کند:

ای زادهٔ «زیاد»، نکرده‌ست هیچ گاه
نمرود این عمل که تو شدّاد کرده‌ای
کام یزید داده‌ای از کشتن حسین
بنگر که را به قتل که دلشاد کرده‌ای!

باری؛ گرچه به قول حافظ:

سیل است آب دیده و هر کس که بگذرد
گر خود دلش ز سنگ بود هم، ز جا رود

اما چنین نیست که ما تنها با سیل اشکی که از دیدگان شعر محتشم جاری است، از جا می‌رویم؛ بلکه مهم‌ترین جان‌مایهٔ تأثیر در هر شعر آیینی، که برای کربلا سروده می‌شود، باید نشان دادن روح حماسی دلاوران کربلا باشد؛ که با دریغ در شعر محتشم کم‌رنگ است.

اصولاً از ارکان هر اثر تراژیکِ خوب، حماسی بودن آن است و این دست‌نیافتنی است مگر آنکه خالق اثر از روح حماسی برخوردار باشد. این روح حماسی، به تعبیر من، چیزی است جز آنچه اهل اصطلاح از حماسه در نظر دارند.

در تعبیر من، حماسه از معنای لغوی محضِ آن به دور نیست؛ حماسه را، در لغت، شدت و شجاعت معنی کرده‌اند و این جز معنایی است که برخی از استادان، عوامل ایجاد آن را، در شعر، دو شرطِ «شگفت‌انگیزی و راست‌نمایی» می‌دانند[1] و به جای خود درست است.

پس، گفتار در روح حماسی است و آن عبارت است از درشتی و تپش و خروش و استواری و دلیریِ ذاتی، که جمعاً

---

[1]. شعر بی‌دروغ، شعر بی‌نقاب، استاد دکتر زرین‌کوب، مبحثِ حماسه.

در روحیّهٔ یک شاعر جاری‌ست؛ چنان که ناآگاه به زبان شعر او نشت می‌کند، خواه موضوع شعر رزم باشد خواه غیر آن.

فردوسی طوسی، حتی آنجا که از هشتاد سالگی و ضعف و ناتوانی و تهی‌دستیِ خود شِکوه می‌کند، باز از شیوهٔ بیان یک منظومهٔ رزمی فرونمی‌غلتد:

تهی‌دستی و سال نیرو گرفت
دو دست و دو پای من آهو[1] گرفت

می‌بینیم که در اینجا نیز سخن از نیرو و گرفتن است. نمی‌گوید من ضعیف و ناتوان شدم؛ می‌گوید ضعف در من نیرو یافت! همو، حتی در مقام تغزل (در غزلی که منسوب به اوست)، می‌گوید:

شبی در برت گر بیاسودمی
سَرِ فخر بر آسمان سودَمی

روح حماسی فردوسی به او اجازه نمی‌دهد که حتی به هنگامی که آرزویی گرم و شیرین را به پیشگاه محبوب‌های دیرجوش و سخت کام آن روزگاران فرومی‌ریزد، از آسمان پایین‌تر بیاید.

برای آنکه این روحیه را بهتر دریابید، در همین مورد مقایسه فرمایید با تغزل ناشاعری که با روحیهٔ زبون خود به معشوق می‌گوید:

سحر آمدم به کویت به شکار رفته بودی
تو که سگ نبرده بودی، به چه کار رفته بودی!؟

همان روحیهٔ حماسی فردوسی، در ناصرخسرو علوی

---

1. آهو، در اینجا، به معنی عیب است. ظهیر فاریابی نیز می‌گوید:
به چشمش نسبت آهو چو دادم چین بر ابرو زد
که چشم شیرگیر ما ندارد هیچ آهویی
که آهو را، با ایهام، به هر دو معنا به کار برده است.

قبادیانی، شاعر شیعی دیگر، موجود است که در مقام شرح ضعفِ تنِ خود می‌گوید:

مَنگَر بدین ضعیفِ تنم زآنکه در سخن
زین چرخ پُرستاره، فزون است اثر مرا

ولی مسعود سعد سلمان، با آنکه شاعر بلندپایه و ارجمندی است، از آنجا که در او آن روحیهٔ حماسی نیست، ناله‌ها تا زنجموره تنزّل می‌کند و همّت او حتّی از جای بلند، پستی می‌گیرد:

نالم ز دل چو نای من اندر حصارِ «نای»
پستی گرفت همّت من، زین بلندجای
گردون چه خواهد از منِ بیچارهٔ ضعیف
گیتی چه خواهد از منِ درماندهٔ گدای

و در چکامه‌ای دیگر می‌گوید:

ز رنج و ضعف بدان جایگه رسید تنم
که راست ناید اگر در خطاب گویم: «من»

باری، بزرگ‌ترین لطمه‌ای که بر شعر مراثی و سوگ سروده‌های آل‌الله در طی قرون وارد آمده است از سوی عده‌ای بوده که بی‌آنکه خود از روحیّهٔ حماسی برخوردار باشند، دربارهٔ آل‌الله شعر سروده‌اند. محتشم، اگر روحیّهٔ حماسی ندارد ــ که ندارد ــ در سرودنِ سوگنامهٔ آل‌الله، با زبان و بیانی چنان فخیم به سوک نشسته است که قصور او را از تصویر وجوه حماسی قیام کربلا جبران می‌کند....

گرمارودی
تهران، ۱۳۶۵ و فروردین ۱۳۸۸

پیش‌گفتار دوم

نگاهی به شعرهای آیینی زنده‌یاد دکتر سید حسن حسینی

گفته‌اند که هنرمندان و شاعران در جهان تصرّف می‌توانند کرد. شاعری می‌تواند در جهان و پدیده‌های آن تصرّف کند که خود در تصرّف شعر باشد. پس این توانمندی، حتّی در شاعرترین شاعران، همیشگی نیست و منحصر به همان لحظه‌هایی است که در تصرّف شعر است. شعر هم قرار، یعنی نظم و نظام، نمی‌پذیرد و هم قرار، یعنی آرامش، نمی‌پذیرد. مثل عاشقی است و بنای عاشقی بر بی‌قراری است؛ به هر دو معنی.

بنابراین، در شعر امروز، و البته در شعر واقعی دیروز هم، سخنانی از این نوع، که منوچهری دامغانی گفته است:

شعر ناگفتن به از شعری که باشد نادرست
بچه نازادن به از شش ماهه افکندن جنین

به بحث ما مربوط نمی‌شود و از بحث ما خروج مقسمی دارد. شعری که شاعر به سراغ آن برود و بخواهد آن را بزایاند، پیداست کزین میان چه بر خواهد خاست. اگر هم ربطی به شعر

داشته باشد مربوط به بخش بیرونی شعر است؛ یعنی به زبان، حوزهٔ لغات، هندسهٔ شعر و هنجارهای دیگر از این نوع، و نه به ذات شعر و خاستگاه شعر و جوهر درونی شعر. هرچند، در شعر قدیم، در همان حوزه‌های بیرونی شعر هم، تفاوت‌هایی با شعر امروز می‌بینیم.

حسن حسینی شاعری است که در تصرف شعر است. خاستگاه شعر او مرکزی است در وجود او که بر همهٔ کنش‌ها و واکنش‌های او، در سراسر زندگی او، حکومت می‌کند و او را در تصرّف دارد. و اگر بگویید که شاعرانی نظیر شاملو هم در تصرّف شعرند، پس فرق چیست؟ می‌گویم او و شاملو، در شعرهای ناب خود، هر دو در تصرّف شعرند؛ اما فرق بزرگ او با شاملو این است که آن مرکزی که در وجود حسینی، همه چیز از جمله ذهن او را به تصرّف می‌گیرد، و یا به تصرف شعر درمی‌آورد، الله است و در شاملو، چنان که خود می‌گوید، مفصل خاک و پوک.

بی‌آنکه جذبه‌های بیرونی شعر شاملو را انکار کنم، باید بگویم نور صداقتی که از خاستگاه الوهی شعر حسن حسینی تتق می‌زند، آیا در شعر شاملو به چشم می‌آید؟ سعدی می‌گوید: «عاشقی کار سری نیست که بر بالین است.» و فخرالدین اسعد، پیش از او به دو صد سال گفته است: «خوشی و عاشقی با هم نباشد.»

حسینی یک عاشق سوخته است که جان روشن را در گذرگه عشق الهی خویش نهاده است. صفای هر چمن از روی باغبان پیداست. برای دیدن این صفای باطن باید شعر او را بشناسیم.

چراغ را نتوان دید جز به نور چراغ
دلیل روی تو، هم روی توست سعدی را

بنابراین، در فرصتی کوتاه، با هم به یکی از دفترهای شعر او سری می‌زنیم و این چراغ را به نور چراغ شعر او می‌نگریم؛ و اگر به وجه مستوفی نتوانیم، دست کم:

حباب‌وار برای زیارت رخ یار
سری کشیم و نگاهی کنیم و آب شویم...

❖❖❖

شش دفتر شعر چاپ‌شده تا کنون از زنده‌یاد حسن حسینی پیش روی ماست.

«گنجشک و جبرئیل»، نشریافته در سال ۱۳۷۱، چاپ سوم ۱۳۸۱

«هم‌صدا با حلق اسماعیل»، سال ۱۳۶۳، چاپ سوم ۱۳۸۶
«نوش‌داروی طرح ژنریک»، سال ۱۳۸۲، چاپ سوم ۱۳۸۶
«ملکوت سکوت»، بهار ۱۳۸۵
«از شرابه‌های روسری مادرم»، پاییز ۱۳۸۵
«سفرنامهٔ گرد‌باد»، بهار ۱۳۸۶

از این شش مجموعه تنها به مجموعهٔ بسیار مهم شعر آیینی «گنجشک و جبرئیل» نگاهی بیفکنید.

کتاب ۹۴ صفحه است، حاوی سی شعر، بیست شعر آزاد و ده شعر نیمایی.

ابتدا از کلیّات بیاغازیم. شاعر در این مجموعه چند ویژگی کلّی دارد که در تمام کتاب به چشم می‌خورد.

ویژگی نخست مهندسی استوار شعر اوست.

در شعرهای قدیم ساختمان و ساختار شعر با معنای دقیقی که در شعر امروز مطرح است و می‌توان از آن به هندسۀ شعر یا مهندسی شعر تعبیر کرد، وجود نداشت. فرضاً در قالب غزل چنین نبود که ساختمانی خاص داشته باشد و از یک جا و یک نقطۀ دقیق آغاز شده باشد و ابیات به هم بپیوندند. بلکه غالباً هر بیت، با تداعی آزاد و به دنبال جریانِ سیّالِ ذهن، که فرنگی‌ها به آن Stream Of Consciousness می‌گویند، ایجاد می‌شد.

به همین جهت اگر از بهترین غزل‌ها یک یا چند بیت را بردارید یا جابه‌جا کنید، هیچ تغییری در ساختار کلی آن غزل روی نمی‌دهد. امروز هم اگر کسی غزل می‌گوید، همین حکم جاری است؛ جز در نوع غزل روایی یا «غزل روایت» که تا اندازه‌ای هندسۀ خاص خود را دارد. برخی آن گونه شعر را شعر به معنی الاخص نمی‌دانند و روایت می‌دانند و این ایرادی است قدیمی که به اخوان هم در «کتیبه» و «قصۀ شهر سنگستان» او، به سبب ساخت روایی که دارند، وارد کرده‌اند و اینجا جای بحث آن نیست. در جای دیگر به تفصیل گفته‌ام که این ایراد به شعر اخوان وارد نیست.

باری، در شعر کلاسیک، ارتباط طولی اجزای شعر، کم به چشم می‌آید. (گیرم این عدم ارتباط طولی اجزای شعر، در برخی قالب‌ها، مثل غزل، بیشتر و در برخی قالب‌های دیگر، مثل قصیده، کمتر است.) اما در شعر امروز، هر شعر از ساختمانی دقیق و مستحکم برخوردار است. از نقطه‌ای خاص آغاز و به نقطه‌ای خاص ختم می‌شود و در میانه حتی اگر یک آجر از

این ساختمان بیرون بکشند تمام ساختمان فرو خواهد ریخت.

مثلاً به شعر کوتاه «محاق»، از شاملو، در مجموعهٔ «ابراهیم در آتش» نگاهی بیندازید:[1]

به نو کردنِ ماه
بر بام شدم
با عقیق و سبزه و آینه
داسی سرد بر آسمان گذشت
که پرواز کبوتر ممنوع است
صنوبرها به نجوا چیزی گفتند
و گزمگان به هیاهو شمشیر در پرندگان نهادند
ماه برنیامد.

استواری زبان و بیان این شعر، به عواملی چند بستگی دارد. از جمله باستان‌گرایی در انتخاب کلمات، وزن درونی یا کیفی(در برابر وزن کمّی) و... که فعلاً از بحث ما خارج است. آنچه در اینجا مورد نظر ماست، ساختار کلی یا ساختمان این شعر است نه مصالحی که در آن به کار رفته است؛ هرچند مصالح آن هم به جای خود از مستحکم‌ترین و بهترین مصالح و ملاط‌هاست.

شاعر، در این شعر کوتاه، می‌گوید: «به نو کردنِ ماه» یعنی به قصد نو کردن ماه، به امید دیدن یا دادن تغییر در زمان و زمانه. «بر بام شدم» یعنی فراتر از جایی که ایستاده بودم، پا نهادم و بر گسترهٔ بینش خود افزودم. «با عقیق و سبزه و آینه» یعنی همراه با نشانه‌هایی از برکت، طراوت و روشنی و

---

[1]. زنده‌یاد حسن حسینی در شعر «کبریت در قلمرو خورشید» و در مجموعهٔ هم‌صدا با حلق اسماعیل به منش شاملو تعریض دارد.

صلح.١ اما «داسی سرد بر آسمان گذشت» یعنی آنچه شاعر، ورای امید و ارادۀ خود، از آن بالا یا در آن بالا دیده، نه ماه، که داس سردی بوده که بر پهنۀ آسمان، به نشانۀ آنکه: «پرواز کبوتر ممنوع بود» یعنی آزادی و صلحی در کار نبود. هیچ گونه مقابله و رویارویی هم با این خشونت و خفقان وجود نداشت. فریادی و حتّی سخنی از کسی برنمی‌آمد و تنها «صنوبرها به نجوا چیزی می گفتند» یعنی آن کسانی که ایستاده بودند، حرکتی نمی کردند؛ مثل صنوبری که در ظلام و تاریکی شبی دم کرده و گرم، تنها برگ‌هایش اندکک تکانی بخورد، مردم انگار تنها در دل صنوبرشکلشان با خود نجوایی می‌کردند و نه بیش. همین سکوت و بی صدایی مردم زمینه را برای جولان گزمگان و قصّابان آماده کرد. و آنان، به هیاهو، به کشتار آزادمردان پرداختند. «و گزمگان به هیاهو شمشیر در پرندگان نهادند» یعنی امید به دیدن یا دادن تغییر در زمان و زمانه، واهی بود پس «ماه، بر نیامد».

چنان که می‌بینید، ساختمان این شعر، هیچ سطح و اشکوبۀ اضافی ندارد. از نقطه‌ای درست و راستین آغاز شده و در نقطه‌ای منطقی پایان یافته است و اگر هر یک از مصراع‌های آن را بردارید، این ساختمان دقیق، فرو خواهد ریخت.

این هندسۀ دقیق، چنان که گفتیم، از مهم‌ترین نشانه‌های شعر حسن حسینی نیز هست. شعر «راز رشید» او را با هم بخوانیم.

به گونۀ ماه

نامت زبانزد آسمان‌ها بود

---

١. نیز نشانۀ اطّلاع شاعر از فرهنگ مردم است که هنگام استهلال بر نگین عقیقِ انگشتری بوسه می‌زنند و به سبزه و آیینه می‌نگرند.

و پیمان برادری‌ات

با جبل نور

چون آیه‌های جهاد

محکم.

تو آن راز رشیدی

که روزی فرات

بر لبت آورد

و ساعتی بعد

در باران متواتر پولاد

بریده‌بریده افشا شدی

و باد

تو را با مشام خیمه‌گاه

در میان نهاد

و انتظار در بهت کودکانهٔ حرم

طولانی شد

تو آن راز رشیدی

که روزی فرات

بر لبت آورد

و در کنار درک تو

کوه از کمر شکست.

چنان که می‌بینید ساختمان و مهندسی شعر حتّی یک آجر اضافه ندارد[1] و بسیار استوار است. شعر خطاب به حضرت

---

1. تنها می‌توان گفت که شاعر می‌توانست از آوردن ضمیر متصل «ت» در مصراع نهم صرف‌نظر کند و به جای «تو آن راز رشیدی که روزی فرات بر لبت آورد» بگوید: «که روزی فرات بر لب آورد». البته اگر ضمیر را مفعولی بدانیم، یعنی فرات تو را بر لب آورد. ولی اگر ضمیر متصل «ت» را مضاف‌الیه بدانیم، یعنی تو آن رازی که فرات تو را بر لب

ابافاضل عبّاس بن علی(ع) برادر بزرگوار حضرت سیّدالشهداء(ع)، است. با توجّه به شهرت آن حضرت به «قمر بنی هاشم»، شاعر شعر را با این مصراع آغازیده است که:

به گونهٔ ماه

نامت زبانزد آسمان ها بود.

سپس شاعر به ارتباط معنوی بسیار استوار آن بزرگوار با برادر گران‌مایه‌اش اشاره می‌کند و چون توجّه دارد که این برادر، امام و پیشوای وی نیز هست، می‌گوید:

و پیمان برادری‌ات

با جبل نور

چون آیه‌های جهاد،

محکم (است):

سپس، در پاراگراف دوم، به تصویر واقعهٔ شهادت او می‌پردازد. ولی آن را در حد یک حادثه پایین نمی‌آورد. بلکه می‌گوید شهادت چون رازی رشید در دل فرات وجود داشت. فرات می‌دانست که یک روز تو در برابر ستم خواهی ایستاد و آن روز فرات تو را بر لب می‌آورد و چنین شد. ساعتی بعد از حدوث آن، در باران متواتر و پیاپی پولاد و دشمنان، راز تو بریده بریده افشا شد. ایهام زیبای این دو کلمه، بر خواننده پوشیده نیست، که تلفیقی از دو آرایه است؛ تلمیح و ایهام تناسب. و خواهیم گفت که این از شگردهای بیان شاعر ماست و در اینجا به بریده شدن دست‌های حضرت ابوالفضل(ع) ایهام دارد و نیز تلمیح به واقعه است.

آورد. در این صورت حذف «ت» وجهی ندارد. ولی بی‌گمان دور از منظور شاعر است.

در ادامه، روایت را شاعرانه پی می‌گیرد و حکایت می‌کند:
باد، تو را با مشام خیمه‌گاه در میان نهاد

یعنی کسی خبر نبرد. همین که او رفته بود تا برای کودکان خیمه‌گاه آب بیاورد و دیر کرده بود، بوی حادثه می‌داد و بو را باد می‌پراکَند.

بنابراین، انتظار در بهت کودکانهٔ حرم طولانی شد

و چرا در «بهت»؟ زیرا این آب آور، رشید بود و آب آوردنِ از فرات، هرچند از میان دشمنان، برای او چندان مشکل نبود؛ مگر اتّفاقی افتاده باشد. که افتاده بود. و چون برادرش، حسین، شنید، فرمود: «اکنون کمرم شکست.»

بنابر این شاعر، با آرایهٔ «ردّ العجز الی الصدر» دوباره می‌گوید:
تو آن راز رشیدی که روزی فرات بر لبت آورد

ولی در مصراع آخر اضافه می‌کند:

کنارِ درکِ تو

کوه از کمر شکست

ویژگی دوم شاعر این است که شاعری معاصر است؛ نه به این لحاظ که در این مجموعه حتی یک شعر کلاسیک نمی‌بینید. به سبب آنکه شاعر به لحاظ درک و دریافت و نیز تقویم معاصر است.

وقتی نوذر پرنگ حتی در قالب قدیمی غزل خطاب به رزمندگان ایران در جنگ عراق می‌گوید:
آبروی جان پاکان بین که هر جا می‌روند

می‌رود شمشیر دشمن هم به استقبالشان

این شعر، به لحاظ درک و دریافت، معاصر است؛ حتی اگر

در آن شمشیر به جای تفنگ به کار رفته باشد. می‌توان غزل او را به عنوان برگی از تاریخ معاصر دانست.
و یا در غزل حسین مُنزوی، وقتی می‌خوانیم:
تو از معابد مشرق‌زمین عظیم‌تری
کنون شکوه تو و بهت من تماشایی‌ست
باز با شاعر معاصر سروکار داریم؛ هرچند شعر خود را در قالب قدیمی غزل سروده باشد. زیرا تصویری که شاعر به کار گرفته، تصویری است از توریسم و توریسم، صنعتی معاصر است.
حسن حسینی هم، وقتی خطاب به شهدای کربلا می‌گوید:

با من بگویید
تکلیف لفظ ناتوان «حماسه»
غیر از سکوت
در قبال ملکوت شما چیست؟
اما من
دل به شما سپرده‌ام
به آفتابی
که از خاکتان برگرفت؛
و به صولت صدایی صاف
که پیشانی شما را
در جبهه‌ها
طواف کرد...

(از شعر «خون‌بها»، ص ۲۴)

تعبیر «در جبهه‌ها»، علاوه بر ایهام زیبایی که با خود دارد، حوزهٔ معنا و مخاطب شعر را از کربلای حسینی به کربلای

خمینی در جبهه‌های جنگ تحمیلی، یعنی از گذشته به معاصر، پیوند می‌زند و تسرّی می‌بخشد.

ویژگی سوم بیان حماسی است. بارها گفته‌ام و دیگر نخ نما شده است که حماسه، مانند تعهد، صفت شاعر است نه شعر.

نگاهی به بوستان سعدی و شاهنامه بیفکنید. سعدی در جای خود از فردوسی کوچک‌تر نیست. ولی در بوستان، با آنکه تمام این کتاب هم مانند شاهنامه در بحر متقارب سروده شده است، اثری از حماسه نمی‌توان یافت. زیرا فردوسی خود روحیّه‌ای حماسی دارد و سعدی ندارد.

در تمام کتاب «گنجشگ و جبرئیل»، حماسه موج می‌زند. زیرا شاعر، خود، یلی بود که با دل خونین لب خندان داشت. در برابر مصائب سر فرونیاورد و تلخی‌های روزگار را به بهای جان خود خرید. اما می‌سرود:

شاعران راست‌قامت مفلس‌اند
خوش به حال شاعران کوژپشت

پس اساس زبان حماسی او و در خون خود اوست. اما او برای نشان دادن آن، در شعر، شگردهای خاص خود را دارد. مثلاً در شعر «حدیث متواتر باران» (ص ۱۶) تنها با استفاده درست از سه کلمه پولاد، بلند و دامنه‌دار، حماسه را در خون شعر تزریق می‌کند:

تقصیر از کدام گلو بود؟ ...
... وقتی کنار شریعهٔ پولاد
خطاب به تاریخ
گلویی تازه تر می‌شد

و خیمه‌گاهی بلند
در حریق دامنه‌دار سکوت
به غارت می‌رفت...؟
یا تنها با استفاده از کلمات رشید و کوه و کمر:
تو آن راز رشیدی
که روزی فرات
بر لبت آورد
و کنار درک تو
کوه از کمر شکست
یا در صفحهٔ ۲۴:
با من بگویید تکلیف ناتوان حماسه
غیر از سکوت
در قبال ملکوت نام شما چیست؟
دریا کرانه تا کرانه
میزبان شماست
و آسمان
خون‌بهای لبخندی
که مرگ از لبانتان چید

چنان که گفتم بیان حماسی، در سراسر این کتاب، موج می‌زند و این حماسه درخور مخاطبان و موضوع‌های شعر آیینی، یعنی کربلائیان و اهل بیت، شکوهمند و استوار و فاخر به چشم می‌آید. یعنی نه به افراط دور برمی‌دارد و در گردنه‌ها ترمز می‌بُرد و به درّهٔ غلوّ می‌افتد و نه با تفریط از بی‌رمقی در معرفت و ناتوانی در ذهن و زبان، مثل برخی از سرودها و

سروده‌هایی که این روزها می‌شنویم و می‌بینیم، معصومان مکرّم والامقام را با همان کلمات سست که جوانان در ایام جوشِ صورت، محبوبه‌های خود را وصف می‌کنند، توصیف می‌کند. پیامبر(ص) فرموده‌اند: «الجاهل اما مفرطٌ او مفرّط.»

سید حسن حسینی در مجموعهٔ والا و ارزشمند «گنجشگ و جبرئیل» بنایی نو نهاده است که در آن، نه ذرّه‌ای ادب توحید خدشه دیده است، نه در توصیف اهل بیت به حوزه‌های غلوّی که در شمع جمع فؤاد کرمانی و امثال او به چشم می‌خورد، وارد شده و خدا داناست چه بهانه‌ها که به دست دشمنان شیعه می‌دهد این غلوّها و نه هیچ از قلّه‌های کرامت و حماسهٔ آنان فروتر آمده است.

ویژگی چهارم درآمیختن آرایه‌هاست.

شاعر در استفاده از آرایه‌ها، نوجویی می‌کند و گاهی حتّی به نوعی هنجارشکنی دست می‌زند؛ مثلاً گاهی با تلفیق تلمیح و نوعی ایهام تناسب می‌کوشد از حادثه‌ای آیینی تصویری بسیار بدیع و شاعَرانه به دست دهد:

ستاره‌ها یک‌یک سرخ

سوسو زدند

و با سه شعله

گلوگاه راه شیری شکافت

چنان که می‌بینید، در این بخش از شعر، شاعر ماجرای شکافته شدن گلوی حضرت علی اصغر شیرخوار را با تیر سه شعبهٔ حرمله در کربلا، تنها با چهار کلمهٔ «سه شعله»، «گلوگاه»، «راه شیری» و «شکافت»، تصویر می‌کند. یعنی هم از تلمیح به

این حادثه استفاده می‌بَرَد و هم با شگردِ خاصِّ خود از نوعی ایهام تناسب. یعنی به جای آنکه دقیقاً تیر سه شعبه بگوید، تنها سه شعله می‌گوید و به جای گلو، گلوگاه می‌گوید و به جای شیرخوار، از راه شیری استفاده می‌بَرَد. یعنی حرکت به سوی ایجاز کامل در کاربُردِ کلمات برای دسترسی به ایهام لازم، که مقدمهٔ «کلام بی‌حرف» است؛ همان که حضرت مولانا رسیدن به آن را در مقامی دیگر از خدا درخواست می‌کند:

ای خدا جان را تو بنما آن مقام
کاندر آن بی حرف می‌روید کلام

و بگذرم از اینکه، در اینجا، با بیان تراژیک، یعنی با بیانی که فراتر از واقعیّت است، جنبهٔ حماسی واقعه را نیز تدارک می‌بیند:

ستاره‌ها یک‌یک

سرخ

سوسو زدند

و با سه شعله

راه شیری شکافت

واقعه را از زمین به آسمان و از کربلا به کهکشان می‌کشاند تا ابعاد حماسی آن را نیز تصویر کند.

گرمارودی
تهران- ۱۳۸۵

پیش‌گفتار سوم

نگاهی به شعرهای آیینی قیصر امین‌پور

نخستین شاعر آیینی در تاریخ ادبیات ما، که شعرش به دست ما رسیده، کسایی مروزی (متوفای ۳۴۱) در قرن چهارم است.

استاد دکتر امین ریاحی می‌نویسد: «... قصیدهٔ مذهبی کسایی، که خوشبختانه به طور کامل باقی مانده و اینک برای نخستین بار منتشر می‌شود، در سوک شهیدان کربلاست و این، نخستین سوک‌نامهٔ مذهبی در شعر فارسی است و از این رو، ارزش و اهمیت بسیاری دارد....»[1] همو دربارهٔ سابقهٔ دیرینهٔ سوک سرایی در فرهنگ ایرانی می‌نویسد: «سوک سرایی در مردم خراسان و ماوراءالنّهر سابقهٔ دیرپایی داشت... در مرو و بخارا، سوک سیاوشان بر سر زبان‌ها بود....»[2]

سوک سیاوش را چند مأخذ بسیار قدیمی ذکر کرده‌اند که مهم‌ترین آن‌ها، *تاریخ بخارا* است. در دورهٔ بعد از اسلام هم در سوک غیر آیینی «...ظاهراً قدیمی‌ترین مرثیهٔ موجود، شعر ابوالینبغی

---

۱. دکتر امین ریاحی، *کسایی مروزی، زندگی، اندیشه و شعر او*، توس، تهران، ۱۳۶۸، ص ۳۷. شرح دست‌یابی استاد امین ریاحی به این قصیده را (از یک جنگ کهن با عنوان تتمهٔ *خلاصه الاشعار تقی کاشی* در کتابخانهٔ بانکی‌پور هند) در صفحهٔ ۴۰ کتاب ایشان بخوانید.
۲. همان.

(متوفای ۲۷۰ هجری قمری) دربارهٔ ویرانی سمرقند است...»[1]

و پس از آن، و در قرن چهارم، سوک سرودهٔ رودکی در مرگ شهید بلخی را می‌توان نام برد:

کاروان شهید رفت از پیش
وآنِ ما رفته‌گیر و می‌اندیش...
از شمار دو چشم یک تن کم
وز شمار خرد هزاران بیش

در همین قرن، فردوسی بزرگ هم در شاهنامه سوک سیاوش، سوکواری رستم بر سهراب، سوکواری مادر سهراب، سوک اسفندیار و حتی سوکواری خود بر فرزند خویش را آورده است:

مگر بهره برگیرم از پند خویش
برندیشم از مرگ فرزند خویش...

در قرن پنجم، سوگواری مسعود سعد (۴۴۰-۵۱۵) در مرگ فرزندش رشیدالدین (گریهٔ زارزار درگیرید....) حائز اهمیت است. از دیگر مراثی مهم می‌توان به موارد زیر اشاره کرد:

در قرن‌های پنج و شش، مرثیهٔ عمعق بخاری (متوفای ۵۴۳) را می‌توان نام برد[2]. «خاک خون‌آلود ای باد به اصفاهان بر» که فقط یک مصراع است، به نقل از انوری ابیوردی در قصیدهٔ مشهور:

به سمرقند اگر بگذری ای باد سحر
نامه اهل خراسان به بَر خاقان بر

خطاب به قلج طمغاج‌خان، حاکم سمرقند، در سوک مردم

---

۱. عبدالرضا افسری کرمانی، نگرشی به مرثیه‌سرایی در ایران، ج ۱، ص ۱۶.
۲. در مورد این قصیده رجوع فرمایید به سعید نفیسی، مقدمهٔ دیوان عمعق بخاری، چاپ کتابفروشی فروغی، تهران، دی‌ماه ۱۳۳۹.

خراسان بزرگ، که در فتنهٔ غز به خاک و خون کشیده شده بودند.

در قرن ششم، سوک سروده‌های ادبی نظامی در سوک لیلی و مجنون و خسرو و شیرین و دارا در خمسهٔ او و در دیوان وی، سوک وی بر خاقانی:

همی گفتم که خاقانی دریغاگوی من باشد
دریغا من شدم آخر دریغاگوی خاقانی

در قرن‌های شش و هفت، قصیدهٔ کمال الدین اسماعیل (متوفای ۶۳۵) را در مرگ فرزندش می‌توان یاد کرد که هنگام سفر از دنیا رفته بود:

همرهان نازنینم از سفر بازآمدند
بدگمانم تا چرا بی آن پسر بازآمدند

در قرن هفتم، سوکواری سعدی بر مرگ آخرین خلیفهٔ عباسی، المستعصم بالله، در سال ۶۵۶ به دست هلاکو خان در بغداد، شایان ذکر است. استاد دکتر زرین‌کوب دربارهٔ سوک‌سروده‌های سعدی می‌نویسد: «... در رثای او، جذبه و سوز خاصی مشهود است و علاوه بر مرثیه‌های پرسوزی که در باب شهزادهٔ جوان سلغری گفته است، دو قصیدهٔ پارسی و تازی هم، که در رثای مستعصم و زوال خلافت بغداد است، بی‌اندازه مؤثر و گیراست؛ مخصوصاً که این هر دو مرثیه، در ندبه بر مصائب قومی و ملی است، نه مصائب فردی و شخصی...»[۱]

در قرن هشتم، سوک سروده‌های حافظ را هم بر مرگ امیر مقتول محبوب وی، شیخ ابواسحاق، و هم بر فرزندش، می‌توان یاد کرد. در سوک شیخ ابواسحاق می‌گوید:

---

۱. عبدالحسین زرین‌کوب، سیری در شعر فارسی، تهران، نشر نوین، ۱۳۶۳، ص ۷۹.

دیدی آن خاتم فیروزهٔ بواسحاقی
خوش درخشید ولی دولت مستعجل بود

و در سوک فرزندش می‌سراید:

قرةالعین من آن میوهٔ دل یادش باد
که چه آسان بشد و کار مرا مشکل کرد
آه و فریاد که از چشم حسود مه و چرخ
در لحد ماه کمان ابروی من، منزل کرد[1]

اگر من بخواهم سوک سروده‌های غیرآیینی را با سیر سنوی و از هر قرن یک نمونه تا امروز بیاورم، این مقدمه از ذی‌المقدمه بسیار طولانی‌تر خواهد شد. پس به همین مقدار بسنده می‌کنم و به همان ترتیب، به ذکر نمونه‌هایی از سابقهٔ سوک سروده‌های آیینی و مذهبی می‌پردازم. قبلاً از قول استاد دکتر امین ریاحی یادآور شدم که نخستین سوک سرودهٔ آیینی، برای حضرت سیدالشهدا(ع) و در دیوان کسایی بوده است و خوشبختانه با تلاش و تحقیق استاد امین ریاحی، تمام این قصیده، امروز در دسترس ماست.

هرچند از دیوان کسایی حدود دوهزار بیت بیشتر بر جای

---

[1]. صاحب این قلم در مقاله‌ای با نام «زندگی‌نامهٔ حافظ در آیینهٔ شعر او» چاپ‌شده در مقالات نخستین یادروز حافظ، شیراز، ۲۰ مهر ۱۳۷۶، یادآور شده‌ام که شاید از تعبیر «کمان ابرو» بتوان احتمال داد که این فرزند حافظ، دختر بوده است. اما، در آخر دیوان، همو در قطعه‌ای می‌گوید:

دلا دیدی که آن فرزانه فرزند
چه دید اندر خَم این طاق رنگین
به جای لوح سیمین در کنارش
فلک بر سر نهادَش لوح سنگین

که اگر در سوک همین فرزند باشد، احتمالاً پسر بوده. زیرا، در قرن هشتم، امکان درس خواندن و به ویژه مکتب رفتن و لوح سیمین داشتن برای دختران کمتر فراهم بوده است. دربارهٔ مدارس شیراز در قرن هشتم رجوع فرمایید به شیراز در روزگار حافظ، نوشته جان لیمبرت، ترجمهٔ همایون صنعتی‌زاده، تهران، ۱۳۸۶، ص ۷۸ و ۷۹.

نمانده، از جملهٔ کوتاهی که صاحب کتاب النقض، عبدالجلیل قزوینی رازی، دربارهٔ کسایی آورده است، به خوبی برمی‌آید که صاحب النقض، حدود دویست سال پس از کسایی، دیوان کامل او را در دست داشته است. زیرا می‌نویسد: «...و در کسایی، خود خلافی نیست که همهٔ دیوان او، مدایح و مناقب مصطفی و آل مصطفی، علیه و علیهم السلام، است.»[1]

یادآور می‌شوم که اگر بخواهیم استفاده‌های تلمیحی را به نام ائمّه و مراسم آیینی، و حتّی به نام مبارک حضرت حسین(ع) و کربلا، در قلمرو این نوشته بیاوریم، مثنوی هفتاد کاغذ خواهد شد. زیرا پس از کسایی، در قرن پنجم، ابوالحسن لامعی گرگانی[2](متولد ۴۱۴)، قطران تبریزی[3](متوفای ۴۶۵) و ابوبکر زین الدّین ازرقی هروی[4](متوفای ۴۶۵ قمری)، در قرن ششم شهاب الدین عمعق بخارایی[5]، خاقانی(متوفای ۵۹۵)[6] و دیگر شعرا، اعم از سنّی و شیعی، در اشعار خود با صنعت تلمیح از کربلا و شهادت امام حسین(ع) یاد کرده‌اند. پس تلمیحات از بحث این مقاله بیرون است و ما تنها نمونه‌هایی

---

۱. عبدالجلیل قزوینی رازی، النقض، ص ۲۳۱.
۲. به خون من شده مژگان او چنان تشنه
که شیعیان حسین علی به خون یزید
۳. رفتی ز جهان به تشنگی بیرون
مانند شهید کربلا بودی
۴. تا لاله چون حسین علی غرقه شد به خون
۵. در قصیده‌ای که خود سوک‌سروده‌ای اجتماعی تاریخی است، به مطلع:
عنان همت مخلوق اگر به دست قضاست
چرا دل تو چراگاه چون و چند و چراست؟
تا آنجا که با تلمیح واقعهٔ کربلا در بیت نود و سوم این قصیده می‌گوید:
سواد ساحت فرغانهٔ بهشت‌آیین
چو کربلا و ز آثار مشهد شهداست
۶. من حسین وقت و نااهلان یزد و شهر من
روزگارم جمله عاشورا و شروان کربلا

از شعرهای آیینی و خاصّه سوک سروده‌های آیینی را با سیر سنوی یادآوری می‌کنیم تا بعد که به شعر آیینی قیصر امین پور رسیدیم، خواننده بتواند جایگاه سخن او را با مقایسه بهتر دریابد.

در قرن پنجم و اوایل قرن ششم حکیم ابوالمجد مجدود بن آدم سنایی:

پسر مرتضی امیر حسین
که چنویی نبود در کونین...
دشمنان قصد جان او کردند
تا دمار از تنش درآوردند
کربلا چون مقام و منزل ساخت
ناگه آل زیاد بر وی تاخت...

در قرن شش، از یادکرد بدرالدین قوامی رازی می‌گذرم و دربارۀ همشهری او، ابوالمفاخر، تنها قول مورّخ معاصر، دکتر رسول جعفریان، را می‌آورم که نوشته است: «...ابوالمفاخر رازی از جملۀ شاعران برجستۀ قرن ششم است که تمامی حوادث کربلا را به شعر درآورده و تنها چندده بیت آن در کتاب *روضةالشهدا*ی ملاحسین کاشفی درج شده است...»[1]

این شاعر شیعی قرن شش از قول عمر سعد می‌گوید:

مرا بخواند عبیدالله از میان عرب
رسید بر دلم از خواندنش هزار تعب
مرا امارت ری داد و گفت حرب حسین
قبول کن که ازو ملک راست شور و شغب

---

1. رسول جعفریان، مقدمۀ کتاب منتخب‌الاشعار فی مناقب‌الابرار، به کوشش عباس رستاخیز، ج۱، تهران، ۱۳۸۱، ص ۲۲.

سزای قاتل او دوزخ است و می‌دانم
که این چنین عمل، آرَد خدای را به غضب
ولی چو درنگرم در ری و حکومت آن
همی رود ز دلم خوف نار ذات لهب

در قرن هفت، جلال الدین محمّد، در غزلی شورانگیز، کربلایی می‌شود:

کجایید ای شهیدان خدایی
بلاجویان دشت کربلایی
کجایید ای سبک روحان عاشق
پرنده‌تر ز مرغان هوایی...

مولانا در مثنوی هم به کربلا با همین چشم ژرف نگر خویش می‌نگرد و شوق طربناک قهرمانان کربلا را به شَهادت رقم می‌زند:

چون که ایشان خسروان دین بدند
وقت شادی شد، چو بشکستند بند
سوی شادُروان دولت تاختند
کنده و زنجیر را انداختند

در قرن‌های هشت و نه، به ترتیب، با وجود شاعرانی چون ابن یمین فریومدی و سپس ابن حسام خوسفی، توجه به اشعار آیینی گسترش بیشتر یافت. چنان که جای دیگر هم، در بررسی شعر محتشم، یادآوری کرده‌ام: «از روزگار صفویه به بعد شاعران ما در میان مراثی آل الله، اهتمام ویژه‌ای به کار برده‌اند؛ که از آن میان بهترین‌ها، یکی محتشم است و دیگر نیاز جوشقانی، که هر دو از دورهٔ صفویه به شمار می‌روند.

در دورهٔ قاجار نیز چند تن را می‌توان نام برد که در این

زمینه شعرهای بلند و استوار دارند. یکی حاج سلیمان بیدگلی کاشانی، شاعر اوایل سنهٔ سیزدهم، معاصر آقامحمد خان قاجار است، که مرثیه نیک می‌سرود و ترکیب بند چهارده‌بندی وی در اقتفای محتشم مشهور است، به مطلع:

افتاد شامگه به کنار افق نگون

خور چون سَرِ بُریده از این تشت واژگون

ترکیب بند وی، جای جای، حتی از محتشم نیز بالاتر می‌ایستد. اما انصاف آن است که بگوییم علاوه بر فضلِ تقدّمِ محتشم، یک‌دستی و یک‌پارچگی و انسجام ترکیب بند محتشم، در مجموع، بیشتر و شعر او پیش‌تر است.

دیگر، میرزامحمد ملقّب به میرزاکوچک وصال شیرازی (۱۱۹۷-۱۲۶۲) است که او نیز ترکیب‌بندهای زیبایی در سوک دارد و از آن میان، سوک سرودهٔ او برای حضرت امام حسن مجتبی[۴] از همه نیکوتر افتاده، و شاید در سوک آن حضرت والاترین و بهترین شعر موجود پارسی است؛ به‌ویژه بند هفتم آن:

در تاب رفت و تشت به بر خواند و ناله کرد

آن تشت را ز خون جگر باغ لاله کرد

خونی که خورد در همه عمر از گلو بریخت

خود را تهی ز خون دل چندساله کرد...

نبود عجب که خون جگر ریخت در قدح

عمریش روزگار همین در پیاله کرد...

دیگر، میرزاتقی خان علی آبادی (منشی‌الممالک) است که با وصال شیرازی هم‌زمان و مأنوس بوده و مثنوی‌های شیوایی در رثای اهل بیت دارد.

از دیگر مرثیه‌سرایان برجسته و پرتوان، پس از میرزاتقی خان علی آبادی، باید از عمان سامانی (متوفای ۱۳۲۲) نام برد که از بسیاری از همگنان خویش برتر ایستاده است. میرزانورالله عمان، از مردم سامان چهارمحال و بختیاری و جدش، قطره، و پدرش، جیحون، و عمویش، دریا، و برادرانش، قلزم و خورشید، و فرزندش، محیط، همه از شاعران آل الله بوده‌اند.

دیوان عمان سامانی بارها چاپ شده است. او بیشتر اشتهار خود را مدیون مثنوی عارفانه و بلند «گنجینةالاسرار» است که مرثیه‌ای پرشور و عرفانی است برای حضرت سیدالشهدا(ع)، با زبان فصیح، گیرا، گرم و درخور واقعهٔ عظیم طف:

در مزاج کفر شد خون بیشتر
سر برآرای تو خدا را نیشتر

اما اگر بخواهیم از میان تمام سخنوران گذشته، که ما نام برخی از آنان را به اختصار و گزینش یاد کردیم، تنها یک نفر را انتخاب کنیم، آن یک تن، محتشم کاشانی است:

باز این چه شورش است که در خلق عالم است؟
باز این چه نوحه و چه عزا و چه ماتم است؟

شاعر، ترکیب بند چهارده بندی محکم و استوار خود را با همین بیت که خواندید، و با کلمهٔ «باز»، آغاز کرده است و می‌دانیم این کلمه در اینجا به معنی «دیگر» و «دوباره» است. شاعر با آنکه می‌توانست بگوید: «دیگر چه شورش است که در خلق عالم است» از کلمه «باز» استفاده کرده است تا بر آغاز شدن و باز شدن پردهٔ پرتصویر شعر خویش دربارهٔ کربلا نیز تلویحی باشد. زیرا بیت مطلع هر شعر، و به‌ویژه نخستین کلمهٔ

آن، خود مانند دری است که بر تمام ساختمان شعر گشوده می‌شود و چه بهتر که این در، از همان آغاز، «باز» باشد!»[1]

راز توفیق محتشم، علاوه بر فخامت کلام و شیوایی لفظ، درک عناصر معنوی کربلاست که عبارت‌اند از عشق و حماسه و عرفان و تلفیق شاعرانهٔ این عناصر شعر او را بر صدر نشانده و پرقدر کرده است.

شعرهای آیینی قیصر

قیصر هم، در شعرهای آیینی خویش، از این عناصر معنوی که یاد کردیم، غفلت نورزیده است. او در شعرهای آیینی خود به عنصر حماسه بهای بیشتری داده است و می‌دانیم که، در هر اثر تراژیک، حماسه از ارکان است.

قیصر پس از حماسه به عنصر عرفان در اکثر شعرهای آیینی خود توجه دارد و باید بگوییم، در این زمینه، از محتشم نیز پیش‌تر رفته است. در شعرهای محتشم عنصر عرفان، از عشق و حماسه کم‌رنگ‌تر است.

همین عنصر عرفان، در منظومهٔ گنجینةالاسرار عمان سامانی، نسبت به عناصر حماسه و عشق پررنگ‌تر است.

قیصر از آن دسته شاعرانِ آیینی است که در شعر خود عشق و عرفان و حماسه را برابر و دوشادوش به کار می‌گیرد. در مثنوی «نی‌نامه» (از مجموعهٔ آیینه‌های ناگهان، ص۱۶۲) که سوگ سروده‌ای است در تصویر سر مبارک حضرت سیدالشهداء(ع) بر نیزه، چنین می‌خوانیم:

---

۱. رجوع فرمایید به مقدمهٔ این‌جانب بر کتاب چراغ صاعقه، از علی انسانی، چاپ سوم، نشر جمهوری (اسدی)، تهران، ۱۳۸۲، ص ۲۱/۲۲.

خوشا از دل نم اشکی فشاندن
به آبی آتش دل را نشاندن
خوشا زان عشق‌بازان یاد کردن
زبان را زخمهٔ فریاد کردن
خوشا از نی، خوشا از سر سرودن
خوشا نی‌نامه‌ای دیگر سرودن
نوای نی، نوایی آتشین است
بگو از سر بگیرد، دلنشین است
نوای نی، نوای بی نوایی است
هوای ناله‌هایش، نینوایی است
قلم، تصویر جانکاهی‌ست از نی
علم، تمثیل کوتاهی است از نی
خدا چون دست بر لوح و قلم زد
سر او را به خط نی رقم زد
سرش بر نی، تنش در قعر گودال
ادب را گه الف گردید گه دال
سری بر نیزه‌ای منزل به منزل
به همراهش هزاران کاروان دل
چو از جان پیش پای عشق سر داد
سرش بر نی نوای عشق سر داد
به روی نیزه و شیرین‌زبانی
عجب نبود ز نی شکّرفشانی
شگفتا بی سر و سامانی عشق
به روی نیزه، سرگردانی عشق

زدست عشق در عالم هیاهوست
تمام فتنه‌ها زیر سر اوست

این شعر، با آنکه، یک مرثیه و سوک سرود است، قیصر آن را با بیانی حماسی و بی زنجموره و انفعال آغاز می‌کند؛ یعنی با کلمهٔ «خوشا». این، یعنی دعوت کردن خوانندهٔ شعر به همان تجربهٔ والا و شوق طربناکی که قهرمانان کربلا در استقبال از شهادت داشتند و مولوی در مثنوی خود، همانند قیصر، آن را با بیانی حماسی برای ما حکایت می‌کند:

چون که ایشان خسروان دین بدند
وقت شادی شد، چو بشکستند بند
سوی شادُروان دولت تاختند
کنده و زنجیر را انداختند

سپس قیصر، برای آنکه تعادل حماسی زبان شعر به هم نخورد و نیز این طربناکی عرفانی به شادی بی هدف بدل نشود، بی درنگ در بیت بعد «زبان را زخمهٔ فریاد» می‌کند.

باریک‌اندیشی‌های استادانهٔ قیصر ایهام‌هایی آفریده است که در همان حال، وظیفهٔ «براعت استهلال» و تلمیح را هم به عهده می‌گیرند:

خوشا از نی، خوشا از سر سرودن
و یا: بگو از سر بگیرد، دلنشین است
و یا: خدا چون دست بر لوح و قلم زد
سر او را به خط نی رقم زد

من، در این وجیزه، از این شعر متعالی، که در اصل بیست و پنج بیت است، تنها دوازده بیت به رعایت اختصار برگزیدم.

اما شعر حتّی یک کلمهٔ اضافی ندارد و با صدای بلند می‌گویم که پهلو به پهلوی برجسته‌ترین شعرهای آیینی فارسی از آغاز تا امروز می‌زند.

مهم‌ترین ویژگی شعر او، دوری از عریان‌گویی مضامین آیینی و فاصله‌ای است که از برهنگی مضمون می‌گیرد؛ حرکتی است هورقلیایی در مسیر معنا که مسیری مه آلود است. در این حرکت مرز معناها روشن نیست و در شعر او، مثل نقاشی آبستره که در آن رنگ‌ها یکدیگر را فرامی‌خوانند، به هیچ لبهٔ تیز و برهنه‌ای در معنا برنمی‌خوریم که نرمش همراهی ما را در هودج کلام او به هم بزند؛ مثل حرکت موج در اقیانوس آرام.

«نی» در این شعر، هم نی است، هم قلم، هم نیشکر، هم امام(ع). اما، به طور قاطع، هیچ یک از آن‌ها نیز نیست.

در تمام این دست‌آوردها قیصر، غیر از قریحهٔ خداداد و جوشش و استادی و آشنایی استادانه به چم و خم‌های زبان، و غیر از تخیّل گسترده و احاطه به حوزه‌های کوشش، مدیون ایهام‌های بسیار ماهرانه‌ای است که حافظ‌وار از آن‌ها بهره برده است. حتی در بیان معانی کوتاه و کوچک هم از این بهره‌وری غافل نیست؛ مثلاً در تصویر ادبِ توحیدی امام(ع) و بیان اینکه او در راهِ عبودیت در برابر خداوند، مؤدّب به آداب است و سرش را به نیزه سپرده و تنش را به گودال، می‌گوید:

سرش بر نی، تنش در قعر گودال
ادب را گه الف گردیده گه دال

ایهام مصراع دوم، در نهایت زیبایی و نازکی است؛ یعنی به رعایت ادب، گاهی (بر نیزه) چون الف ایستاده، و گاهی (در

گودال) چون دال خم شده است، یا از لفظ «ادب» گاهی الف این کلمه و آغاز آن شده است و گاهی دال و ستون وسط و تکیه‌گاه آن.

❖ ❖ ❖

در شعر «روایت رؤیا»(از مجموعهٔ دستور زبان عشق، ص۱۲)، که آرزوی آمدن مصلح و شعری برای حضرت مهدی ارواحنا فداه است، ما همین پرهیز از برهنگی در ارائه مضمون و معنا را مشاهده می‌کنیم:

فرزندم!
رؤیای روشنت را
دیگر برای هیچ کس بازگو مکن!
حتّی برادران عزیزت
می‌ترسم
شاید دوباره دست بیندازند
خواب تو را
در چاه
شاید دوباره گرگ...
می‌دانم
تو یازده ستاره و خورشید و ماه
در خواب دیده‌ای
حالا باش!
تا خواب یک ستارهٔ دیگر
تعبیر خواب‌های تو را
روشن کند.
ای کاش...!

شعر با الهام از آیات اوّلِ سورهٔ یوسف سروده شده است که در آن یوسف به پدر می‌گوید: «من خواب دیده‌ام یازده ستاره و خورشید و ماه به من سجده می‌کنند.»

قیصر به فرزند می‌گوید: «رؤیای روشنت را به هیچ کس نگو، شاید خواب روشن (= رؤیای صادقهٔ) تو را باور نکنند و دست بیندازند. یازده ستاره (= یازده امام) و خورشید (= پیامبر) و ماه (= حضرت زهرا) را در خواب دیده‌ای... یعنی سیزده معصوم، از مجموع چهارده معصوم را. منتظر باش تا خواب یک ستارهٔ دیگر (= امام مهدی) تعبیر خواب‌های تو را روشن کند.» و شعر با امید به تحقّقِ این آرزو به پایان می‌رسد؛ یعنی با «ای کاش...!»

قیصر دو شعر آیینی در قالب غزل دارد؛ یکی برای حضرت امام مهدی ارواحنا فداه با نام «مهمانی» (از مجموعهٔ آیینه‌های ناگهان، ص ۸۷) به مطلع:

طلوع می‌کند آن آفتاب پنهانی
ز سمت مشرق جغرافیای عرفانی

دیگری در سوگ امام علی (ع) به مقطع:

دارد سر شکافتن فرق آفتاب
آن سایه‌ای که در دل شب راه می‌رود[1]

او در این دو شعر نیز از شیوهٔ پرهیز از بیان مستقیم و دوری از برهنگی معنایی دست نمی‌کشد. حتّی، به نظر من، سلطانِ غزلِ فارسی، حافظ، هم در شعر آیینی خود برای امام مهدی(عج) شعر خود را رویاروتر و مستقیم‌تر بیان کرده است:

---

۱. از مجموعهٔ آیینه‌های ناگهان، ص ۷.

کجاست صوفی دجّال‌فعل ملحدشکل
بگو بسوز که مهدیِّ دین‌پناه آمد

❖ ❖ ❖

نکتهٔ قابل توجّه در این گونه اشعار آیینی، و به نظر من، در تمام شعرهای قیصر، این است که در عین امتناع، سهل است. در همان حال که اغلب شعرهای برجستهٔ او دارای وجود معنایی متکثّر و دربردارندهٔ ابهامی شاعرانه است، به گونه‌ای که اغلب شعرهای او را تأویل‌پذیر می‌کند (چنان که مثلاً شعر «روز ناگزیر» او را می‌توان شعر آیینی و باز در انتظار مصلح و برای امام مهدی(عج) دانست)، اما ابهام در شعر او، شعر را تبدیل به چیستان و معما نمی‌کند. یعنی شعر قیصر، اگرچه در اوج و بر قلّه، اما دیدنی‌ست و ستاره، اما چیدنی‌ست.

گرمارودی
تهران، پاییز ۱۳۸۶

الله جلّ جلاله

ای تو سرواژهٔ کلام وجود
وز پی تو دگر همه پسوند

هوالله الذی لا الهَ الا هو الملکُ القدّوسُ السّلامُ المؤمن المُهَیمنُ العَزیزُ الجبّارُ المتکبّر، سبحان‌اللهِ عمّا یشرکون.
(سورهٔ حشر، آیهٔ ۲۳)

اوست خداوندی که هیچ خدایی جز او نیست، فرمان‌فرمای بسیار پاک، بی‌عیب، ایمنی‌بخش، گواه راستین، پیروز کام‌شکن بزرگ‌مَنِش، پاکا که خداوند است از آنچه (به او) شرک می‌ورزند.

ای تو سرواژهٔ کلام وجود

ای من افتاده خاکسار و نژند
تو به بالا، بلندتر ز بلند

من گرفتار بند چندین «چون»
تو فرا برگذشته از هر «چند»

من ز مشتی غبار ذرّگکی
تو فرا آورندهٔ الوند

قمطریرم من، اوفتاده دُژَم
تو به هر سو فشانده شَکَّرخند

❖ ❖ ❖

زین قیاس نپختهٔ چو منی
نشود هیچ پخته‌ای خرسند

هر چه در کائنات باشد و دهر
ور چو تاریخ و چون زمان فرمند؛

در ترازوی عقل و نزد خرد
پیش بالات کوته‌اند و کم‌اند

جز تویی گر گره بر ابروی موج
جز تویی گر به چهر گل، گلخند

دشتت افتاده باز سوی کویر
کوهت افکنده راز سوی سهند

آتش از گرمی تو در کف باد
راست چون آب و خاک در پیوند

سرنگون خوشه آوری از تاک
همچو از توتِ سربلند، پرند

اژدهایی برآوری ز عصا
تا ببلعد ز جادوان، ترفند

گه به دامانِ مریم عذرا
چون مسیحا نهی یکی فرزند

گاه از پیری، اوفتاده ز پای
همچو یحیی برآوری دلبند

برگزینی یتیم بادیه‌ای
به نبوّت بر این روال و روند

تا بشویید به آب قرآنش
رونقِ زند و شیوهٔ پازند

❖ ❖ ❖

ای نهاده به دست بستهٔ چرخ
چون به پای زمانه صد پابند

در زبان خموش گیتی و دهر
بخردان را نهاده صدها پند

ای تو سروارژهٔ کلام وجود
وز پی تو دگر همه پسوند

وی پسندیده در همه خود را
در من ذرّه هم جز این مپسند!

زمستان ۱۳۵۹

جهان چون دستْ‌خطِ کردگار است

جهان چون دستْ‌خطِ کردگار است
خدا خود برترین آموزگار است

جهان ما کتابِ آن تواناست
در آن هر نقطه و هر حرف خواناست

اگر خواهی برآری سر بر افلاک
سواد آموز ای درمانده بر خاک

سواد آموز و خود را بیشتر کن
الفبای کتابِ حق ز بر کن

سواد آموز تا خواندن بدانی
خط توحید را بهتر بخوانی

ازین خامه هزاران رنگ خیزد
گهی خطّ و گهی آهنگ خیزد

گهی در دشت خطّی سبز دارد
گهی در کوه گلگون می‌نگارد

به دریا رنگ این خط آسمانی‌ست
به سمت لاله‌زاران ارغوانی‌ست

گهی شنگرف[1] و گه آبی نویسد
گهی با رنگِ عنّابی نویسد

نویسد گه به خاک و گاه بر سنگ
گهی بر کوه و گاهی درّهٔ تنگ

بُوَد این سنبلستان‌های انبوه
سیه‌مشق بهاران در دلِ کوه

بیا تا شعر باران را بخوانیم
چو باران اشک شادی برفشانیم

غزل‌های خدا رنگین‌سرود است
گهی جوبارک است و گاه رود است

---
۱. رنگ قرمز تیره.

گهی یک قطعه شعرش تخته‌سنگی‌ست
گهی مرغی خوش‌آوا گه پلنگی‌ست

گهی تک‌بیت او رنگین‌کمان است
گهی یک چامهٔ او، آسمان است

گهی دشت است و گاهی کوهساران
گهی شعرِ بلندِ آبشاران

گهی شعر سپید از برف آرد
گهی بی وزن و گه موزون نگارد

گهی جنگل، گهی ابر و گهی آب
گهی یک بیشه، گاهی شعرِ مهتاب

گهی در درّه، خوابِ مه تَرازد
گهی صد مثنوی از ابر سازد

❖ ❖ ❖

تو هم شعر خدایی، چون ندانی
که باید خویشتن را خود بخوانی؟

سخنی در عشق

الهی جان من توحیدگر کن
مرا زین شرک «من» زیر و زبر کن

بخیزانم چو موج و رفعتِ اوج
بغلتانم به شادی، موج در موج

مخواهم ایستا، مُردابواره
چو درماندم به راه آور دوباره

دلم از عشق خود آیینه‌گون کن
تب عشق و جنونم را فزون کن

❖ ❖ ❖

تویی گلجوش جان چشمه‌ساران
فروغ چهرهٔ خورشیدواران

تو رقص زادن و روییدن گل
تو تاب گیسوی افشان سنبل

فرازِ اوجِ آفاق سپیده
فرودِ موجِ تا ساحل رسیده

شگرفِ روشنایِ طلعتِ نور
سرودِ آشنایِ خوانده از دور

طنینِ آبی پژواکِ کهسار
تپیدن‌هایِ بی‌رنگِ دلِ غار

فروریزِ فروتنِ آبشاران
فراخیزِ بلندِ کوهساران

تبِ پنهانیِ آتش‌فشان‌ها
نهان آتش‌فشانی‌هایِ جان‌ها

اگر در عشقت این‌سان پیچ دارم
تو می‌دانی که جز آن هیچ دارم

چو پیچک خویش را بالا کشیدم
به عشق آویختم اینجا رسیدم

اگر کوته ز بالایِ تو دست است
غمِ بالاتِ بالایم شکسته است

زندان قصر – ۱۳۵۳/۱۱/۳۰

مناجات

ای رها کرده مرا با خویشتن
باز بستان این رهایی را ز من

زین رهایی می‌گریزم در قفس
ای مباد آزاد از بند تو کس

چشم هر آیینه حیران تو ماند
هر سرود از هر گلو نام تو خواند

هر که چشمی هر کجا، سوی تو داشت
دیده بر آیینهٔ روی تو داشت

ای فشانده زلف خود در دست باد
هر چه بادم دل پریشان، از تو باد

آنچه با چشمان آهو کرده‌ای
دست خود در چشم او و رو کرده‌ای

ای تو زیبا، گر چه زیبا کوته است
واژه را در واژه‌آرا کی ره است

هر چه می‌گویم، زبانی الکنم
از تو من با این زبان چون دم زنم؟

تهران ۱۳۶۰

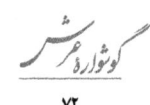

نماز سرخ[1]

الهی، از تو دور افتاده‌ام دور
تو نزدیک من و من از تو مهجور

تو می‌جوشی درون چشمهٔ آب
تو می‌جنبی درون موج و خیزاب

تو خواب سبز دشتی در بهاران
تو را «آیینه‌دارِ»ند آبشاران

نماز سرخگون را لاله در کوه
به محراب تو قامت بسته بشکوه

چرا غرّان بود رعد جگردوز
نه از عشق تو دارد در جگر، سوز؟

---
[1]. از مجموعهٔ در سایه‌سار نخل ولایت، تهران، انتشارات دفتر نشر فرهنگ اسلامی، تهران، ۱۳۵۷، ص۷.

چرا آواره مَه در آسمان‌ست؟
چرا سیمین‌پَری بی‌آشیان‌ست؟

چرا ابر اشک غم از دیده بارد؟
شقایق داغ دل را از که دارد؟

غمین آوا شباویز شباهنگ
چه جز نام تو می‌گوید به آهنگ؟

❖ ❖ ❖

گل از بهر که بر رخ غازه¹ مالید
بنازید و برافرازید و بالید؟

چراغ لاله در بُستان که افروخت
به نرگس شیوهٔ مستی که آموخت؟

چه کس از نافه بو در خون گُل ریخت
به گوش غنچه از شبنم دُرَ آویخت؟

چرا قو سر به جیب فکرت آرد
چه جز عشق تو را در سینه دارد؟

که با ماهی ره لغزیدن آموخت
هزاران پولک سیمین بر او دوخت؟

---

۱. سرخاب.

❖ ❖ ❖
صدایت از درون جان برآید
گهی نیز از دل طوفان برآید

گهی آوات در دریا نهادی
گه آن را بر لبان ما نهادی

نشان توست گر ابر، اشک ریزد
و یا گَرِ گِردباد از دشت خیزد

گهی در نای نی خود را بموید
گهی در چشمه روی خود بشوید

گهی چون شاخه دستی پیش دارد
گهی چون غنچه سر در خویش دارد

نسیم صبح با سنبل چه گوید؟
به جز بوی تو در هر گل چه جوید؟

❖ ❖ ❖
به من گوشی فراآهنگ بخشای
شنیدن از زبان سنگ بخشای

مرا یاری کن و دستم فراگیر
حجاب از پیش چشم ای آشناگیر

که تا روی تو ای زیبا ببینم
ز بستان تجلی گل بچینم

❖ ❖ ❖

رهی زان دل که او دیوانهٔ توست
چو راه کهکشان تا خانهٔ توست

جهان را عشق تو در عمق جان‌ست
چو جان، عشق تو در هر دل نهان‌ست

کنون، ای خوب‌تر معشوق هر چیز
ز عشق کوته من هم مپرهیز

۱۳۶۰/۱/۱۹

گلِ خدا

ما می‌رویم چون گل و این بوستان به جاست
آن گل که هیچ گاه نمیرد گل خداست

پیوند کُن ز بوتهٔ دل شاخه‌ای بر او
تنها در این چمن ز تو این شاخه روی پاست

فریاد کن چو تُندر و از تیرگی بنال
کآنک تو را چو ابرِ سحر، گریه بی‌صداست

سر بر سریر خاک چو گلبن دمی بنه
کاین بستر همارهٔ فردایِ دیرپاست

از حق سخن بگوی و ببر نام حق به لب
فردا سخن تو را دَمِ آخر، خداخداست

❖ ❖ ❖

ای آشنای جان و دلم دست من بگیر
آن دم که پای عمر ز رفتار نارساست

ما قطرهٔ پلشت و تو دریای رحمتی
با موج موج مهر تو این قطره آشناست

شب هول و راه پرخطر و جهل و بی‌کسی
ای صبح آشنا مددی، دیده بر خطاست

گفتی مرا بیا و ز بی‌راهه بازگرد
اینک منم که آمده‌ام، خانه‌ات کجاست؟

فروردین ۱۳۶۲

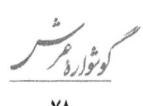

جست‌وجو

گفته بودند آنچه می‌جویی گلی است
هیچ بستانی نشان از او نداشت

بازگفتند آنچه می‌خواهی شب است
شام، دیدم، رنگ آن گیسو نداشت

نازک‌اندیشی نشان داد از هلال
ماه نو هم آن خم ابرو نداشت

جست‌وجو تا چشمهٔ خورشید رفت
آفتاب آن گرمی و آن رو نداشت

عقل در امواج دریا غوطه خورد
موج واپس رفت و ره آن سو نداشت

❖ ❖ ❖

همچنان آن بی‌نشان نایاب ماند
هیچ حاصل جست‌وجو از او نداشت؟

تهران ۱۳۶۵

فطرت

نوگلی از کودکی در سینه‌ام، روییده بود
خود، مرا در زندگی، با آن هزاران ماجراست

ارغوانی بود و زیبا بود و شاداب و جوان
هر چه گویم از تری و تازگی او را، رواست

گفته بودندم که از یک گل نمی‌آید بهار
گفته و ناگفته، این مطلب به نزد من خطاست

صد بهاران بود زین یک گل، درون سینه‌ام
ور بگویم، صد هزاران بود هم، باری، بجاست

سرسرای سینه‌ام از شاخ و برگش، سبز بود
نیک می‌دانی که این سبزی، چه مایه جان‌فزاست

ناگهان یک روز، چون دیدم در او، پژمرده بود
من خود این پژمردگی، هرگز ندانستم چراست

عاقبت یک روز هم افسرد، وانگه نیز مرد
وینک از آن، ریشه‌هایی سوخته در دل به جاست

می‌دهم آب از سرشک خویش، آن را گاهگاه
زندگی اما تو می‌دانی که در دست خداست

❖ ❖ ❖

ای کدامین باد پاییزی که کُشتی باغ من
نک به من گو، نوگل سرسبز جان من، کجاست؟

رباعی

کس نیست ز رازِ دهر آگاه چرا؟
این مهر چرا می‌رود؟ آن ماه چرا؟

من نیز نی‌ام ز راز گردون آگاه
فریاد چرا؟ فغان چرا؟ آه چرا؟

محمد صلی الله علیه و آله

محمـد ابتـدای آشنایی‌ست
ازین آغــاز پایانِ جدایی‌ست

ما کانَ محمدٌ اَبا اَحدٍ مِن رجالِکُم ولٰکن رسولَ اللهِ وَ خاتَمَ النَّبیّینَ
(سورهٔ احزاب، آیهٔ ۴۰)
محمد پدر هیچ یک از مردان شما نیست. اما فرستادهٔ خداوند و واپسین پیامبران است.

نام: محمد فرزند عبدالله و آمنه
لقب: مصطفی، رسول الله، رحمةًللعالَمین
کنیه: ابوالقاسم
تولد: ۱۷ ربیع‌الاول، پنجاه و سه سال پیش از هجرت
همسران: خدیجه، سوده، عایشه، زینب اُمّ‌المساکین، حفصه، اُمّ‌سلمه، زینب، جُوَیریه، صفیّه، اُمّ‌حبیبه، میمونه، ماریة قبطیّه
فرزندان: قاسم، زینب، اُمّ‌کلثوم، رقیّه، فاطمه، ابراهیم
وفات: ۲۸ صفر سال ۱۱ هجرت
مدت زندگی: ۶۳ سال

کودکِ آفتابْ سایه

ناگاهان،
گویی جهان به کودکی بازگشت
خورشید، میهمانِ کودکان، شد
و چهار فصل، چون رود، در یک جوی روان
و راهی تازه به آسمان آغاز گشت:
در سال مرگ پیلان و زادن غزال

❖ ❖ ❖

یک لحظه، صمغ‌ها عسل شد
قاصدک‌ها نوعروس
ریگ‌ها گلخند
سینهٔ مادران رگ کشید
جهان در محمد شکفت
و گلخند آغاز شد...

❖ ❖ ❖

کودکی چوپان
که رمهٔ گوسپندان
بازی را بدو می‌آموخت
و آفتاب
در ولع بوسه‌های داغ
تاول بر گلبرگ لب‌هاش می‌نشاند
در دست، عصا
زیر پا از شن، دریا
پیش رو، گوسپندان
و خارهای تُنُک رُسته در صحرا
بر فراز، آسمان
دسترس‌تر از زمین
که زمین کمر را خم می‌کند
اما آسمان افراختگی می‌آموزد
چه در چیدن ستاره
و چه در میهمانی آفتاب

چوپانی کم‌سن‌تر از گوسپندان
با صبحانه‌ای از سپیده
و توشهٔ نان‌افزار از شکیب
گوسپندان چرا می‌کنند
و او با هر چیز «چرا؟» می‌گوید
و پاسخ را به آسمان می‌نگرد

❖ ❖ ❖

خانه، خیمه‌ای از موی بز
با سایبانی ساده
که آفتاب را به جای او بر پشت دارد
و او کودکی بی‌سایه
که آفتاب سایهٔ اوست

❖ ❖ ❖

آغاز شگفتی‌ها از سادگی‌هاست:
حلیمه
به نیابت آمنه
لبخند بدرود را هر روز
در نان‌افزار او، می‌پیچد
و محمد
این چوپان رمه‌های تنهایی
تکیه بر چوبدست
کناری ایستاده
سایهٔ میشی،
تا افق بر زمین می‌کشَد
و او که سایه از آفتاب دارد
بی‌شتاب رمه را به صحرا می‌رانَد
و چشمانش در افق خدا را می‌کاود
و چشمانش در افق، خدا را می‌خوانَد
بالایش در هودج سراب صحرا
از نگاهِ حلیمه دور می‌شود
و دایه در ابری می‌نگرد

که در آسمان با کودکش پابه‌پا می‌گذرَد
❖ ❖ ❖
حلیمه مهر مادری را با او می‌آموزد
با بدرود مهربانیِ صبحگاهی
گذرانِ مهربانیِ روزا هنگام
و درود مهربانیِ شامگاهان
با لبخندی که پگاهان در سفرهٔ سپیده می‌پیچد
و به گردن غزال صحرایی خود می‌آویزد
و با رَمه، او را
به دایه‌های دیگر می‌سپارَد:
به صحرا
و آفتاب
و تنهایی
و شکیبایی
حلیمه، شامگاهان
لبخنده‌ای دیگر را
در سفرهٔ شام او می‌نهد
خواب
در گاهوارهٔ مهر و گلخند
یا در تابی بلند بین سپیده و فلق
در خیمه‌ای از موی بز
با دیرکی از چوب گز
فرشی از بوریا
آفتابی طاقت‌سوز

و سرودهای خاموش صحرا
بر لبِ روزهایی به بلندای آسمان
در وزشی از نسیم اندیشه
افق در چشم‌اندازی بی‌پایان
با رنگ زمینهٔ خاک
و شانه‌های لُختِ خاشاک
و بسترِ لَختِ شن
و تختِ روانِ سراب
بر شانهٔ آفتاب
و گردهٔ ماهور
تا افقِ دور...

❖ ❖ ❖

شب‌های چادر
همزادِ قصه‌های درخور
و از پندهای حلیمه پر:
ـ قدرِ صحرا را بدان!
این قلمرو غروبگاهی شفق
شبستانِ پگاهی سپیده و فلق
شهر، باغستانِ بت‌هاست
تاکستانِ مستی‌ها
خارستانِ ستم
و زمستانِ پستی‌ها
محمد
به چشمهٔ فصاحتِ حلیمه می‌نگرد

با چشمانی
از ناب‌ترین سیاهی شب
و عمیق‌ترین قعر دریا
و زلال‌ترین صفایَ چشمه
و فشرده‌ترین دلتنگی غروب
و بلندترین ارتفاع پرواز
در نگاهی از رنگ و درنگ
و زیتون و سیب
و شرم و شکیب
و خواب سبز بیشه
و جنگل نُه‌توی اندیشه

❖ ❖ ❖

و مگر
گویی جهان به کودکی بازگشت
خورشید میهمان کودکان
و چهار فصل، درَ یک جوی روان شد
و راهی تازه به آسمان آغاز گشت:
در سال مرگ فیل و زادن غزال

خاستگاه نور[1]

غروبی سخت دلگیر است
و من بنشسته‌ام اینجا، کنار غار پرت و ساکتی، تنها
که می‌گویند روزی، روزگاری، مهبط وحی خدا بوده‌ست
و نام آن «حرا» بوده‌ست
و اینجا سرزمین کعبه و بطحاست
و روز، از روزهای حجّ پاک ما مسلمان‌هاست...

❖ ❖ ❖

برون از غار:
ز پیش روی و زیر پای من، تا هر کجا سنگ و بیابان است
هوا گرم است و تب‌دار است اما می‌گراید سوی سردی،
سوی خاموشی
و خورشید از پسِ یک روز تب، در بسترِ غرب افق، آهسته
می‌میرد...
و در اطراف من از هیچ سویی، ردّ پایی نیست

---
[1]. این شعر در مسابقۀ مجلۀ یغما، به مناسبت آغاز پانزدهمین قرن بعثت پیامبر(ص) در مهرماه ۱۳۴۷، بین اشعار نورسیده از سراسر کشور، ممتاز و برندۀ جایزه شد.

و دور من، صدایی نیست
فضا خالی‌ست

❖ ❖ ❖

و ذهن خسته و تنهای من، چون مرغ نوبالی،
ـ‌که هر دم شوق پروازی دگر دارد ـ
کنار غار، از هر سنگ، هر صخره
پرد بر صخره‌ای دیگر...
و می‌جوید به کاوش‌های پی‌گیری، نشانی‌های مردی را
ـ‌نشانی‌ها که شاید مانده بر جا، دیر دیر، از سالیانی دور‌ـ
و من همراه مرغ ذهن خود در غار می‌گردم
و پیدا می‌کنم گویی نشانی‌ها که می‌جویم:
همان‌ست، اوست!
کنار غار، اینجا، جای پای اوست، می‌بینم
و می‌بویم تو گویی بوی او را نیز
همان‌ست، اوست:
یتیم مکه، چوپان جوانی از بنی هاشم
و بازرگان راه مکه و شامات
امین، آن راستین، آن پاک‌دل، آن مرد
و شوی برترین بانو، خدیجه
نیز، آن کس کو سخن جز حق نمی‌گوید
و غیر از حق نمی‌جوید
و بت‌ها را ستایشگر نمی‌باشد
و اینک: این همان مرد اَبَرمرد است
محمد اوست

❖❖❖

تنِ تنها، ربوده روح،
با خاموشیِ پرشورِ خود هم‌گام
درخشان هاله‌ای گردِ سرش از پرتو الهام
پلاسی بر تن است او را
و می‌بینم که بنشسته‌ست مانند همان ایام
همان ایام که او این راه ناهموار را بسیار می‌پیمود
و شاید نازنین پایش ز سنگ راه می‌آزرد و می‌فرسود
ولی او همچنان هر روز می‌آمد
و می‌آمد... و می‌آمد
و تنها می‌نشست اینجا
غمان مکهٔ مشئوم آن ایام را با غار می‌نالید
غم بی‌هم‌زبانی‌های خود را نیز...
و من، اکنون به هر سنگی که در این غار می‌بینم،
به روشن‌تر خطی می‌خوانم آن فریادهای خامش او را
و اکنون نیز گویی آمده‌ست او... آمده‌ست اینجا
و می‌گوید غم آن روزگاران را

❖❖❖

...عجب شب‌های سنگینی، همه بی‌نور!
نه از بامِ فلک آویخته قندیل اخترها
نه اینجا ـ وادی گستردهٔ دشت حجاز ـ از شعلهٔ نوری سراغی هست
زمین تاریک است و برج آسمان‌ها نیز

نه اینک در همهٔ امّ‌القری' یک روزن روشن
تمام شهر بی‌نور است...
نه تنها شب که اینجا روز هم بسیار شب‌رنگ است
فروغی هست اگر، از آتش جنگ است
فروزان مهر اینجا سخت بی‌نور است، بی‌رنگ است
تو گویی راه خود را هرزه می‌پوید
و نهرِ نور آن سوی این دنیا بود جاری
مَه، اندر گور شب خفته است و ناپیداست... پیدا نیست
سیه‌رگ‌های شهر، این کوچه‌ها، از خونِ مَه خالی است
در آن‌ها می‌دَوَد چرک آب تُند ننگ و بدنامی، بداندیشی
و در رگ‌های مردم هم
سیه‌بازارهای روسپی نامردمان گرم است
تمام شهر گردابی است پر گنداب
تمام سرزمین‌ها نیز
دنیا هم
و گویی قرن، قرن ننگ و بدنامی، بداندیشی‌ست
فضیلت‌ها لجن‌آلوده، انسان‌ها سیه‌فکر و سیه‌کارند
و «انسان» نام اشرافیّ زیبایی‌ست از معنا تهی‌مانده...

❖ ❖ ❖

محمد، گرم گفتاری غم‌آلود است
و خور دیری‌ست مرده، غار تاریک است
و من چیزی نمی‌بینم
ولی گوشم به گفتار است...

---

۱. نام دیگر مکه.

و می‌بینم تو گویی رنگ غمگین کلامش را،
که می‌گوید:
«...خدای کعبه، ای یکتا!
درودم را پذیرا باش، ای برتر
و بشنو آنچه می‌گویم
پیام درد انسان‌های قرنم را ز من بشنو:
پیام تلخ دختربچگان خفته اندر گور
پیام رنج انسان‌های زیر بار، وز آزادگی مهجور
پیام آن که افتاده‌ست در گرداب
و فریادش بلند است: آی آدم‌ها...[1]
پیام رنج‌ها، غم‌ها...
پیام من، پیام او، پیام ما...»»

❖ ❖ ❖

محمد، غمگنانه ناله‌ای سر می‌دهد، آن گاه می‌گوید:
«... خدای کعبه ای یکتا
درون سینه‌ها یادِ تو متروک است
و از بی‌دانشی و از بزهکاری،
مقام برترین مخلوق تو ــ انسان ــ
بسی پایین‌تر از حدِّ سگ و خوک است
خدای کعبه، ای یکتا!
فروغی جاودان بفرست، کاین شب‌ها بسی تار است
و دست اهرمن‌ها، سخت در کار است
و دستی را به مهر، از آستینی باز بیرون کن

---

۱. اشاره به شعری به همین نام از پیش‌تاز و مبدع شعر نو، نیما یوشیج.

که بردارد به نیروی خدایی، شاید، این افتاده پرچم‌های انسان را
فروشوید غبار کینه‌های کهنه از دل‌ها
دراندازد به بام کهنهٔ گیتی بلندآواز
برآرد نغمه‌ای هم‌ساز
فروپیچد به هم طومار قانون‌های جنگل را
وگوید: آی انسان‌ها!
فراگرد هم آیید و فراز آیید
باز آیید!
صدا بردارد انسان را
وگوید: های، ها انسان!
برابر آفریدندت، برابر باش!
صدا بردارد اندر پارس ــ در ایران ــ
و با آن کفشگر گوید:
پسر را رو به هر مکتب که خواهی نه!
سپاهی‌زاده را با کفشگر دیگر تفاوت‌های خونی نیست
سیاهی و سپیدی هم نشانی از کمی یا از فزونی نیست
خدای کعبه... ای یکتا...»

❖ ❖ ❖

بدین هنگام
کسی، آهسته، گویی چون نسیمی، می‌خزد در غار
محمد را صدا آرام می‌آید فرود از اوج
و نجواگونه می‌گردد
پس آن گه می‌شود خاموش...

سکوتی ژرف و وهم‌آلود، ناگه چون درخت جادو اندر غار، می‌روید
و شاخ و برگ خود را در فضای قیرگون غار می‌شوید
و من در فکر آنم کاین چه کس بود؟ از کجا آمد؟
که ناگه این صدا آمد:
بخوان ای مرد!
به نام آن بخوان کت آفرید ای مرد!
بخوان!...
اما جوابی برنمی‌خیزد

❖ ❖ ❖

محمد سخت مبهوت‌ست گویا، کاش می‌دیدم!
صدا با گرم‌تر آوا و شیرین‌تر بیانی باز می‌گوید:
«بخوان!»... اما محمد همچنان خاموش
دل اندر سینهٔ من بازمی‌ماند ز کار خویش
گفتی می‌روم از هوش
زمان در اضطراب و انتظار پاسخش گویی فرومی‌ماند از رفتار
و «هستی» می‌سپارد گوش
پس از لختی سکوت - اما که عمری بود گویی، ـ گفت:
«... من خواندن نمی‌دانم.»
همان کس باز پاسخ داد:
«بخوان! به نام پرورنده ایزدت، کو آفریننده‌ست...»[1]
و او می‌خواند اما لحن آوایش،
به دیگرگونه آهنگ است
صدا گویی خدارنگ است

---

۱. «اقرا باسم ربّک الّذی خلق» (سورهٔ علق، آیهٔ ۱)؛ نخستین آیه‌ای که به پیامبر وحی شد.

و او این‌گونه می‌خواند:
«بخوان! به نام پرورنده ایزدت کو آفریننده‌ست...»

❖ ❖ ❖

درودی می‌تراود از لبم بر او
درودی گرم

❖ ❖ ❖

غروب است و افق گلگون و خوش‌رنگ است
و من بنشسته‌ام اینجا، کنار غار پرت و ساکتی تنها
که می‌گویند روزی، روزگاری، مهبط وحی خدا بوده‌ست
و نام آن «حرا» بوده‌ست...
و در اطراف من از هیچ سویی ردِّ پایی نیست
و دور من، صدایی نیست...

تهران - مرداد ۱۳۴۷

امام عاشقان، پیغمبر عشق

محمد ابتدای آشنایی‌ست
از این آغاز، پایان جدایی‌ست

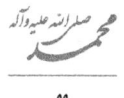

نخستین حرف دل، در دفتر عشق
امام عاشقان، پیغمبر عشق

چو عشق از خم نوشانوش می‌داد
خدا ساقی شد و جامی به وی داد

به پیشانیش عزت بوسه می‌داد
شرف زان جبهه می‌آید فرا یاد

مبین دستی گر از پستی برون زد
به پیشانی حق، سنگ جنون زد

شراب نور از آن آیینه چون رست
خدا با خون خود آیینه را شست

❖ ❖ ❖

کجایی، ای نگار آسمانی
گل خورشید عشق جاودانی

دل من در هوایت می‌زند پر
هوایت آسمان و دل کبوتر

سخن گو تا جواب از سنگ آید
نظر کن تا گل صد رنگ زاید

❖ ❖ ❖

نگه بر کوه کردی، پرنیان شد
به سنگ افکندی و آب روان شد

نگه بر خوار کن بستان برآور
به جام انداز و تاکستان برآور

جهان تا با گل روت آشنا شد
عبیر عشق پیدا در فضا شد

فضای مکه عطری بیش دارد
نفس‌های تو را در خویش دارد

تو بودی کآدم از این خاک برخاست
فغان از سینهٔ افلاک برخاست

کنار نوح در طوفان تو بودی
تو از غرقاب کشتی را ربودی

اگر موسی بدید از کوه رویی
تو با ذات خدا در گفت‌وگویی

مسیحا مردگان را زنده می‌کرد
محمد زنده را تابنده می‌کرد

محمد زندگی‌بخش روان‌هاست
محمد زنده‌ساز جان جان‌هاست

محمد ابتدای آشنایی‌ست
از این آغاز، پایان جدایی‌ست

هی‌هی از این عشق خوش احمدی[1]

جان سحر جسم سمن‌بوی توست
شام، غلام سر گیسوی توست

ماه که خم کرده سر خویشتن
بوسه‌زن گوشهٔ ابروی توست

ای سمن باغ خداوندگار
سرو غلام قد ناژوی توست

صبح ازل پرتو پیشانی‌ات
شام ابد طرّهٔ دلجوی توست

آنچه ز گل نیک‌تر آمد به باغ
باغ گل خُلق تو و خوی توست

---

۱. صلی الله علیه و آله و سلّم.

زمزمهٔ زندگی کاینات
همهمهٔ شور و هیاهوی توست

عقل تو سرمایهٔ سنگین وحی
عقل جهان کم به ترازوی توست

عِقدِ ثریا به کف آسمان
پیشکش گردن بانوی توست

کاش که فریاد دلم می‌شنید
حلقهٔ آن در که سر کوی توست

شاخهٔ طوبی ندهد در بهشت
آنچه در آن چنبر بازوی توست

هی‌هی از این عشق خوش احمدی
ذکر لبم نالهٔ هوهوی توست

عید مبعث ۱۴۰۳ قمری
بهار ۱۳۶۲

خاتون کبریا
سلام الله علیها

مهربانی فضّهٔ درگاه توست
من چه گویم عشق خاطرخواه توست

نام: فاطمه، دختر محمد(ص) و خدیجه(س)
زادروز: سال پنجمِ بعثت(یا به قولی، ۵ سال به بعثت) در مکه
کنیه: اُمّ ابیها
لقب: زهرا
همسر: امیر المؤمنین علی(ع)
فرزندان: حسن(ع)،حسین(ع)،زینب(س)،اُمّ کلثوم(س) و محسن که سقط شد.
شهادت: سال ۱۱ هجرت(دو ماه و نیم پس از وفات پیامبر)

پناه

با یاد خاتون کبریا حضرت زهرا، سلام‌الله علیها

یک روز
تا شامگاه دیر
ماندم کنار پنجرهٔ بستهٔ اتاق
وز پشت شیشه‌ها
آن دورهای دور
شب، از کنار کاسهٔ وارون آسمان
خونابه‌های پیکر خورشید مرده را
آرام می‌مکید.
وین سوی پنجره
خفّاش‌های غمزدگی بال می‌زدند
در حفره‌های بستهٔ ذهن پریش من
گویی هزار گونه غم ناشناس را
غربال می‌زدند.

❖❖❖

«دیگر درون خانه مجال نفس نماند»[1]
در تنگنای خانه مرا تنگ شد نفس
وان پنجره، چو پنجرهٔ بستهٔ قفس.
رفتم برون
چون مرغ پرگشوده، پریدم، رها شدم
رفتم که خویش را
یک‌چند بین مردم این شهر گم کنم
شهر، از شکوه شامگهان پر نشاط بود
ـ یا از نشاط شامگهان پر شکوه بود ـ
گویی که نور روشن صدها هزار برق،
یک صبح تازه بود که در شهر می‌شکفت
رفتم درون مردم انبوه رهگذر
چون جویبار رفتم و در موج گم شدم...
اما به ناگهان،
دیدم کنار راهگذاران شاد شهر
یک خردسال کودک افسردهٔ نژند
ـ یک پا میان لوش و لجن‌های جوی آب ـ
دور از خروش کاذب شهر ایستاده بود
ـ چون بر کرانه‌های افق تک‌ستاره‌ای ـ
با حالتی که سخت غم‌انگیز و ساده بود.

❖ ❖ ❖

چون برّه‌های خُردِ جدامانده از گله

---

1. وامی از مطلع یک غزل اخوان در مجموعهٔ /ارغنون او، که می‌گوید:
شادی نماند و شور نماند و هوس نماند
سهل است این سخن که مجال نفس نماند

از گرمگاه سینه به بانگی خروشناک
با گریه‌های تلخ صدا می‌کرد:
مادر!

❖ ❖ ❖

اینک منم:
آن طفل دورماندهٔ گم‌گشته
آن خردسال کودک سرگشته
ای مادر عزیز همه عالم!
کو مهربار دامن پاکت کو؟

تهران - اسفند ۱۳۴۸

خاتون کبریا
ترکیب پنج‌بندی برای حضرت صدیقهٔ کبری، فاطمهٔ زهرا، سلام الله علیها

بند اول

گلی که از سحر و عشق و آسمان روید
نه آن گل است که در طرف بوستان روید

گلی که پیرهنش از کتان مهتاب است
به باغ وحی و به گلزار آسمان روید

چو چشمه‌ای که ز عمق صفا به جوش آید
گلی است فاطمه کز ژرفنای جان روید

اگرچه خوابگهش از نگاه پنهان است
همان گل است که از چشم‌ها نهان روید

رخ ار ز خار مغیلان دشمنان پوشید
چو گل به باغ دل پاک دوستان روید
مدارِ بینش آیینه، عشق سادهٔ اوست
مدامِ مستی ما هم ز جام بادهٔ اوست

بند دوم
چو موج از سفر ماهتاب می‌آید
از آب و آینه و آفتاب می‌آید

نمی‌توان چو به خورشید، روبه‌رو نگریست
به روز واقعه هم با نقاب می‌آید

دریچه‌ای بگشا سوی آن طلیعهٔ نور
سپیدهٔ سحری با شتاب می‌آید

دری به باغ نبوت گشود از گل سرخ
شگفت نیست که بوی گلاب می‌آید

صدای فاطمه در کائنات پیچیده‌ست
صدا بزن که ببینی جواب می‌آید

گلی که سایه فتد بر تنش ز پای نسیم
چه بر سرش ز هوای خراب می‌آید

خطابهٔ تو که خون گلوی مرغ حق است
چو آیه‌های خدا با کتاب می‌آید

فدک بهانهٔ حق‌جویی و ارادهٔ توست
خروش بر ستمِ چیره، راه سادهٔ توست

بند سوم

پدر به دست تو گر می‌نهاد بوسه به‌جاست
که دست پاک تو و همسر تو دست خداست

وگر نبود علی همسرش نبود کسی
که با غزالهٔ دین، شیر حق فقط همتاست

چقدر سادگی زندگیت شیرین است
بساط خانهٔ تو لیف سادهٔ خرماست

تمام مهر تو آب است و چند درهم سیم
همان که در نظرت هیچ نیست این دنیاست

محل زندگیت یک اتاق روشن و سبز
به طول مهر، به ابعاد پاکی و تقواست

تو آن‌چنان و بیا حشر و نشر ما بنگر
اگر که شیعه بمیرد ز شرم روت رواست

خدا کند ز تو نوری رسد به باور ما
ز مهر سایه‌ات افتاده باد بر سر ما

بند چهارم

تو ای سترگ، به زن معنی دگر دادی
به زن چنان که تویی جلوه بیشتر دادی

به مکتب دو جهان آن یگانه بانویی
که درس عشق به ابنای بوالبشر دادی

شب از سیاهی گیسوت مشق حرمت خواست
ز پاک‌جانی خود نسخه با سحر دادی

به بارگاه شرف شاهدخت عصمت را
نگین و تاج و کله دادی و کمر دادی

بدان خطابه که در مسجد مدینه گذشت
صلای حق‌طلبی پیش ظلم سر دادی

کنون به پیش تو دست نیاز آوردم
به سوی قبلهٔ رویت نماز آوردم

بند پنجم

تو چشمه‌ساری و ما تشنهٔ سراب‌زده
تو ماه روشن و ما سایه از نقاب زده

تو همچو فاخته حق‌حق زدی به شاخه و ما
چو جغد ناله به ویرانهٔ خراب‌زده

تو را که رود روانی و آبشار دمان
چه نسبت است به ما برکه‌های خواب‌زده؟

«تو را چنان که تویی هر نظر کجا بیند»[1]
تو روح روشن و ما مات و التهاب‌زده

امیرهٔ سخنی از تو چون توان گفتن
به یک دو جملهٔ شوق‌آور شتاب‌زده
همان به است که دست نیاز بازبریم
دوباره سوی تو ای قبله‌گه نماز بریم

---

۱. این مصراع از حافظ است.

در سوک حضرت زهرا، سلام الله علیها

بوی غم پیچیده در دهلیز شب
اشک من آذین و گوش آویز شب

از دل شب، ناله می‌آید به گوش
وز در و دیوار می‌خیزد خروش

در شب تاریخ می‌پیچد صدا
می‌رسد فریاد حق‌جویی به ما

❖ ❖ ❖

رخ چرا ای خور به خون پوشیده‌ای
از دل آن گل مگر جوشیده‌ای؟

جرعه‌جرعه، ای دل از این غم بنوش
طیلسان ماتم زهرا بپوش

❖ ❖ ❖

بشکند آن دست ناپاک و پلشت
کو فراچید آن شقایق را ز دشت

آن ستمگر خویش را گم کرده بود
سنگ در جانش تراکم کرده بود

چون توان گلبرگ سنبل را فسرد
چون توان پهلوی لادن را فشرد

❖ ❖ ❖

با علی، غم هم‌نوایی می‌کند
شکوه از درد جدایی می‌کند

پشت غم نیز از جدایی‌ها دوتاست
گردهٔ شب هم خَم از این ماجراست

در سکوت خانه می‌موید علی
با زبان حال می‌گوید علی:

کاین سکوت خانه دانی چون کند؟
بی تو ای لیلی مرا مجنون کند

❖ ❖ ❖

ای تو را چون پونه تن‌پوش از بهار
لاله را داغ از تو در دل یادگار

تا تنت با نور حق خویشی گرفت
جانت از مهتاب هم پیشی گرفت

مهربانی فضهٔ درگاه توست
من چه گویم عشق خاطرخواه توست

بوسه بر دستت پیمبر می‌زند
جایگاهت تا خدا سر می‌زند

پاکی از شبنم دل از دریا تو را
عصمتی از عالم بالا تو را

استواری کوه از گام تو یافت
آبْ پاکی از تو و نام تو یافت

آب‌های جمله عالم مَهر توست
دوزخ حق پاسدار قهر توست

با شکیب تو صبوری در ستوه
ای تو پابرجاتر از فرّ و شکوه

کس نداند خوابگاهت در کجاست
بی‌نشانی کی تو را ای گل رواست؟

رباعی

ای فاطمه، ای نور نخستین خدا
ای روی تو آیینهٔ آیین خدا

تو برتری از عالم و آدم چو پدر
با شوی و دو فرزند به تعیین خدا

سیدالمظلومین امیرالمؤمنین
حضرت امام علی صلوات الله علیه

شانه‌هایت آفرینش را ستون
دست‌ها هم پرنیان هم صخره‌گون

نام: علی فرزند ابوطالب و فاطمه بنت اسد
زادروز: جمعه ۱۳ رجب، بیست و سه سال پیش از هجرت(سی سال پس از عام‌الفیل) در خانهٔ کعبه
کنیه: ابوالحسن، ابوتراب
لقب: مرتضی، امیرالمؤمنین، یعسوب‌الدّین
همسران: حضرت فاطمه(س)، حضرت امّ البنین و خولهٔ حنفیّه و...
فرزندان: حسن(ع)، حسین(ع)، زینب(س)، امّ‌کلثوم(س) و محسن که سقط شد (از حضرت فاطمه)، عبّاس(ع)، جعفر، عثمان، عبدالله (از حضرت امّ البنین و هر چهار فرزند در کربلا شهید شدند)، محمد حنفیه (از خوله) و ...
شهادت: ۲۱ رمضان سال ۴۰ هجری

در سایه‌سار نخل ولایت

خجسته باد نام خداوند،
نیکوترین آفریدگاران
که تو را آفرید
از تو در شگفت هم نمی‌توانم بود
که دیدن بزرگیت را،
چشم کوچکِ من بسنده نیست
مور، چه می‌داند که بر دیوارهٔ اهرام می‌گذرد
یا بر خشتی خام
تو، آن بلندترین هرمی
که فرعون تخیّل می‌تواند ساخت
و من، آن کوچکَ‌ترین مور،
که بلندای تو را در چشم نمی‌تواند داشت

❖ ❖ ❖

درشتناک بر کائنات ایستاده‌ای
و زمین، گویچه‌ای ست به بازی در مشت تو

و زمان، رشته‌ای آویخته از سرانگشت تو
و رود عظیم تاریخ، جوباری
که خیزاب امواجش
از پاشنهٔ پایت درنمی‌گذرد....

❖ ❖ ❖

پایی را به فراغت بر مرّیخ هشته‌ای
و زلال چشمان را با خون آفتاب آغشته
ستارگان را با سرانگشتان از سَرِ طیبت می‌شکنی
و در جیبِ جبریل می‌نهی
و یا به فرشتگان دیگر می‌دهی
به همان آَسودگی که نان توشهٔ جُوینِ افطار را
به سحر می‌شکستی
یا، در آوردگاه،
به شکستن بندگان بت، کمر می‌بستی
چگونه این‌چنین که بلند بر زَبَرِ ماسوا ایستاده‌ای
در کنار تنور پیرزنی جای می‌گیری،
و زیر مِهمیز کودکانهٔ بچگان یتیم،
و در بازار تنگ کوفه...؟

❖ ❖ ❖

پیش از تو، هیچ اقیانوس را نمی‌شناختم
که عمود بر زمین بایستد....
پیش از تو، هیچ فرمانروا را ندیده بودم
که پای‌افزاری وصله‌دار به پا کند
و مشکی کهنه بر دوش کشد

و بردگان را برادر باشد
ای روشنِ خدا
در شب‌های پیوستهٔ تاریخ
ای روح لیلة‌القدر
حتّی مطلع الفجر
اگر تو نه از خدایی
چرا نسل خدایی حجاز، فیصله یافته است؟
نه بذر تو از تبار مُغیلان نیست

❖ ❖ ❖

شگفتا! از شمشیرت خون منافق می‌چکد
و هنوز با گریهٔ یتیمکان کوفه هم‌نوایی!
شگرفی تو عقل را دیوانه می‌کند
و منطق را به خودسوزی وامی‌دارد

❖ ❖ ❖

قلم به قبضهٔ شمشیرت بوسه می‌زند
و دل در سرشک تو، زنگار خویش، می‌شوید
امّا
چون از این آمیختهٔ خون و اشک
جامی به هر سیاه‌مست دهند
قالب تهی خواهد کرد
شب، از چشم تو آرامش را به وام دارد
و طوفان، از خشم تو، خروش را
کلام تو گیاه را بارور می‌کند
و از نفست گل می‌روید

چاه،
از آن زمان که تو در آن گریستی،
جوشان است
سحر از سپیدهٔ چشمان تو می‌شکوفد
و شب در سیاهی آن به نماز می‌ایستد
هیچ ستاره نیست که وامدار نگاه تو نیست
لبخند تو اجازهٔ زندگی‌ست
هیچ شکوفه نیست که از تبار گلخند تو نیست

❖ ❖ ❖

زمان، در خشم تو، از بیم سترون می‌شود
شمشیرت به قاطعیت «سِجّیل» می‌شکافد
و به روانی خون از رگ‌ها می‌گذرد
و به رسایی شعر در مغز می‌نشیند
و چون فرود آید
جز با جان بر نخواهد خاست

❖ ❖ ❖

چشمی که تو را دیده،
دیده‌ای است برتر
ای دیدنی‌تر!
گاهی به چشم‌خانهٔ عمّار
گاهی به کاسهٔ سر بوذر

❖ ❖ ❖

هلا، ای رهگذران دارالخلافه!
ای خرمافروشان کوفه!

ای ساربانان سادهٔ روستا!
تمام بصیرتم برخیِ چشمِ شمایان باد
اگر به نیم‌روز،
ـ چون از کوچه‌های کوفه می‌گذشته‌اید ـ
از دیدگان معبری برای علی ساخته باشید،
گیرم، که هیچ او را نشناخته باشید

❖ ❖ ❖

چگونه شمشیری زهرآگین
پیشانی بلند تو
این کتاب خداوند را
از هم می‌گشاید
چگونه می‌توان به شمشیری دریایی را شکافت!

❖ ❖ ❖

به پای تو می‌گریم
با اندوهی، والاتر از غم‌گزایی عشق
و دیرینگی غم
برای تو با چشمِ همه محرومان می‌گریم
با چشمانی یتیم ندیدنت
گریه‌ام شعر شبانهٔ غم توست...

❖ ❖ ❖

هنگام که هم‌تاب آفتاب
به خانهٔ یتیمکان بیوه‌زنی تابیدی
و صولت حیدری را
دست‌مایهٔ شادی کودکانه‌شان کردی

و بر آن شانه، که پیامبر پای ننهاد
کودکان را نشاندی
و از آن دهان که هُرّای شیر می‌خروشید
کلمات کودکانه تراوید
آیا تاریخ، بر درِ سرای،
به تحیّر، خشک و لرزان نمانده بود؟

❖ ❖ ❖

در اُحُد که گل بوسهٔ زخم‌ها،
تنت را دشت شقایق کرده بود،
مگر از کدام بادهٔ مهر، مست بودی
که با تازیانهٔ هشتاد زخم بر خود حدّ زدی؟
کدام وامدارتریم؟
دین به تو، یا تو بدان؟
هیچ دینی نیست که وامدار تو نیست

❖ ❖ ❖

دری که به باغ بینش ما گشوده‌ای
هزار بار خیبری‌تر است
مرحبا به بازوان اندیشه و کردار تو

❖ ❖ ❖

شعر سپید من روسیاه ماند
که در فضای تو به بی‌وزنی افتاد
هرچند، کلام از تو وزن می‌گیرد
وسعت تو را چگونه در سخن تنگ‌مایه گنجانم؟
تو را در کدام نقطه باید به پایان برد؟

تو را که چون معنیِ نقطه مطلقی
فتبارک الله، تبارک الله
تبارک الله احسنُ الخالقین
خجسته باد نام خداوند
که نیکوترین آفریدگاران است
و نام تو که نیکوترین آفریدگانی...

تهران - رمضان ۱۳۹۷ قمری
۱۳۵۶ خورشیدی

امام علی صلوات الله علیه

ما کجا، آن خوب، آن زیبا کجا

راستی، آیا علی از جنس ماست؟
در شگفتم عمق این دریا کجاست

چون زوی باید سخن آغاز کرد؟
چون توان این راز حق را باز کرد؟

عمق ما تا سطح خواهش‌های دل
او فراتر از حدود آب و گِل

ما حدود خویش را گم کرده‌ایم
چون مگس در خود تراکم کرده‌ایم

طول و عرض او و چه دانی تا کجاست
آدمیزادی در ابعاد خداست

ما کجا آن خوب، آن زیبا کجا؟
او امیر عشق و ما عبد هوا

❖ ❖ ❖

از کدامین رنج خود با چاه گفت
چاه، آن را در کجای دل نهفت

آه، ای چاه، ای تو دم‌ساز علی
ای دلت گنجینهٔ راز علی

گو به ما گر هیچ می‌داری به یاد
زان ودیعت‌ها که در نزدت نهاد

من نمی‌گویم که کشف راز کن
گوشه‌ای زان حرف‌ها را باز کن

از کدامین درد خود آغاز کرد
شکوه از تنهایی خود ساز کرد؟

در میان آنچه آن مظلوم گفت
گوشت آیا لفظ «پهلو» هم شنفت؟

از کدامین رنج خود بسیار گفت؟
از شکستن، از در، از دیوار گفت؟

❖ ❖ ❖

ای تو سیمرغ، ای هما، ای شاهباز
ای وجودت آشیان رمز و راز

ای فراتر از زمان و از سخن
چون محبّت ساده و چون غم کهن

شانه‌هایت آفرینش را ستون
دست‌ها هم پرنیان هم صخره‌گون

کوه با عزم تو کاهی بیش نیست
هیچ دل پیش تو بی‌تشویش نیست

۱۳۶۹

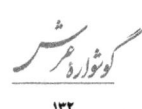

خدا، تنها خدا داند علی کیست

تو ای سرچشمهٔ پاکی و رادی
که فطرت را ز جانت آب دادی

تو نوری دیگران شام سیاهند
تو فریادی و دیگرها چو آهند

تو از نور خدایی ما ز خاکیم
تو دریایی و ما تیره مُغاکیم

مگر تو دیگری ما نیز دیگر
شگفتا از تو و الله اکبر!

❖ ❖ ❖

چه می‌گویم تو و ما این روا نیست
همانا جز قیاسی نابه‌جا نیست

خرد خندد به این ناپخته‌سنجش
دل افتد زین تو و مایی به رنجش

تو مرد هر چه‌ای ما خویش هیچیم
همان بهتر که با مردان نپیچیم

❖ ❖ ❖

فلک خون تو را آب وضو کرد
رخت را قبله‌گاه آرزو کرد

سحر کز شام صبح روشن آرد
اشارت‌ها به چشمان تو دارد

اگر کوهی، بلند استاده کوهی
سرافرازی، شکوهی، بی‌ستوهی

گر اقیانوس، اقیانوس آرام
نه آغاز تو پیدا و نه انجام

سحر آیینه‌ای پیش نگاهت
سپیده تیره‌فرشی پیش راهت

چه گویم «مهربانی» مادر توست
«بزرگی» چون غلام قنبر توست

«بهی» همسایهٔ دیوار کویت
نگاه «راستی» در جست‌وجویت

«شرف» بازوت گیرد تا بخیزد
«محبت» آب بر دست تو ریزد

چو شمشیر تو با جسمی ستیزد
چنان افتد که هرگز برنخیزد

«شجاعت» بیم دارد از تو، آری
که در دست تو بیند ذوالفقاری

علی را دشمنی جز تیرگی نیست
در این عرصه امید چیرگی نیست

علی را دشمنی یکسر تباهی‌ست
سیاهی در سیاهی در سیاهی‌ست

سیه بادا ستم را روی ناپاک
زمان را، روزگاران را به سر خاک

زمان! خاکت به سر بادا شب و روز
تو بودی و علی را دل پر از سوز؟!
❖ ❖ ❖

جهان موسیقی شیدایی اوست
زمان لبریز از مولایی اوست

بگو مِهرِ علی مُهری‌ست خاتَم
نگردد نامه‌ات بی آن فراهم

علی گل وین جهان چون شبنم اوست
خدا داند که دریا یک نم اوست

دل هر ذرّه از مهر علی پر
جهان چون یک صدف، مهر علی دُرّ

جهانی پیش رویش ذرّه‌ای نیست
خدا، تنها خدا داند علی کیست

تو می‌دانی در این سینه چه غوغاست
علی جوییّ ما حق‌جویی[1] ماست

علی گو تا خروش از جان برآید
فغان از طارم امکان برآید

بگو نامش گلستان کن جهان را
طبیعت را، جهنّم را، زمان را

---

۱. یعنی عدالت‌طلبی.

علی گو، رود شو بخروش در خویش
که تا گیری رَهِ دریات در پیش

علی گوی و شکوفا شو سمن‌وار
سری از خاکِ ره چون لاله بر دار

❖ ❖ ❖

دلم از انفجار عشق خون است
علی جان مهرت از ظرفم فزون است

دلم از چاه کمتر نیست، گاهی
نواز این قعر ژرفا را به آهی

تو خود یاری کن و خود را نشان ده
چراغی در کفِ ما عاشقان نه

همه در لکنتم، بند از زبان گیر
تو خود وصف خودت را در میان گیر

تویی والاتر از اندیشهٔ من
برآور شاخ وصف از ریشهٔ من

ندارم پیش تو غیر زبونی
چه گویم از تو، چون گویم که چونی؟

منم موری، به جام افتاده موری
تو آن جامی که از نور و بلوری

مرا پای سخن لغزنده در خویش
توام راهی گشا ای نور در پیش

❖ ❖ ❖

چه گویم از تو با غوغای این جان
نه من آرام گیرم نی تو پایان

۱۳۷۰

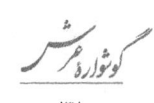

اقیانوس

چنین است گویی
که با جامی خالی،
بر ساحلی صخره‌ای،
پیش روی امواج
ایستاده‌ام
و اپاش ساحل‌کوب موج‌ها
صخرهٔ زیر پایم را می‌شوید
و من هر بار
ـ که موجی در می‌رسد ـ
جام بر کف،
خم می‌شوم
به بوی سهمی کز کاکل موج برگیرم
اما از آن پیش
موج در خود واشکسته است
و من، عزمی دوباره را

چون پرچمی،
بر صخره واپس می‌ایستم
دگرباره چون موجی پیش می‌رسد
جام را چون داسی قوس می‌دهم
تا از سر خوشهٔ آب
دسته‌ای واچینم
اما، باز، جام خالی‌ست
و دریا در موج
و فاصله به درازای یک دست
و به دوری یک تاریخ!
شَتَکِ خیزاب امواج،
تنها یک دو قطره
بر دیوارهٔ شفاف جام می‌چکاند؛
و عطارد، در جام من است
«نهج‌البلاغه» را می‌بندم

۱۳۶۰/۷/۶

غدیر

به صبح عید راستین، غدیر
در این طلیعهٔ حکومت امیر
به لحظه‌ای که ماسوا
ز خلعت ولایتش،
تولدی دگر گرفت
جهان چو لفظ بود و نک
ز معنی ولایت علی
هزار معنی دگر گرفت
هزار جان
ز فوج تشنهٔ پرندگان
ز برکهٔ غدیر او
حیات و زندگی ز سر گرفت
در این خجسته‌دم
در این خجسته‌روز
من از غدیر عشق پاک تو

دوباره آب خورده‌ام
من از خم ولایت نگاه تو
شراب ناب خورده‌ام
خدا گواست
که عشق تو
نه از ولایت تو ای علی جداست
پس این حکایتی، نه سرسری‌ست
اگر که عشق هم تجلی جلالت است و برتری‌ست
ز برکهٔ ولایت علی‌ست کآب می‌خورد
غذای خویش، عشق هم،
ز سفرهٔ بلند آفتاب می‌خورد
مسیح‌وار عشق هم
درون گاهوارهٔ بلند آسمان
چو ماه، تاب می‌خورد!

صبح عید غدیر ۱۳۵۷

رباعی‌های علوی

آن آه که در چاه دمیدی، خون شد
چون شیرهٔ غم بر آبِ چاه افزون شد

وان آب دوید در رگِ خاک و سپس
از خاک دمید و لالهٔ گلگون

❖ ❖ ❖

تنها سر چاه می‌روم گاه به گاه
سر می‌نهم اندوهگنان بر سر چاه

می‌گریم و با یاد غمت می‌گویم:
لا حول و لا قوّة الاّ بالله

❖ ❖ ❖

برخیز که برکشیم افلاک به زیر
در رشته کنیم سَبحهٔ زهره و تیر

با بانگ زمانه از گلوی تاریخ
فریاد برآریم: غدیر است غدیر

❖❖❖

در وصف تو یا علی فلک مانده به راه
از اشک و غم تو آبرو یافته چاه

در حق تو از بیان حق می‌گویم
لا حول و لا قوّه الاّ بالله

❖❖❖

دانی دل لاله از چه رو پر خون است
فانوس شقایق ز چه آتشگون است

این یک ز تف عشق علی می‌سوزد
وان نیز ز خون پاک او گلگون است

❖❖❖

ساقی بده از زلال کوثر جامی
با من ده از آن شراب برتر جامی

از خم غدیر پر کن و باز بده
با یاد رخ علی حیدر جامی

❖❖❖

بشکست ز آب دیدگانت تب چاه
صد هاله‌ٔ غم گرفت گردِ رُخِ ماه

از بازی روزگار باید نالید
الله از این زمانه الله الله

کوه‌واره

بیا دمی زِبَر کوه سربلند نگر
که شانه برده بُنِ آسمان پهناور

فرانهاده به هم لَخت‌لَخت صخرهٔ تن
فروفشرده به هم رشته‌رشته پا و کمر

به بُرز همچو غرور و به کالبد چون خشم
ز صبر گردن خود استوار دارد و سر

به تن ز مخمل یک‌دست لاله‌ها زرهی
که از فراز به دامن بود همه احمر

چو مِه برآید گویی که او برآرد دَم
چو رعد غرّد گویی که اوست نی تندر

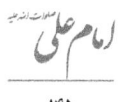

به یک اشارتِ خشمش هزار تیغ درَخش
برآید از دل ابر و برآورد آذر

نه هیچ خسبد و نی پای خود بجنباند
نه هیچ گرید و از اشک چهره دارد تر

نگرید و چو بگرید روان شود سیلاب
نموید و چو بموید ز مرغ ریزد پر

هر آنچه از بر و بالای خود برون دارد
همان درون زمین دارد از بر و پیکر

نه تندباد بیارد که تا در او پیچد
نه گردباد تواند ربایدش افسر

یکی فشرده چنان مشت لیک ز آهن و سنگ
یکی تکیده چنان تیغ لیک آب داده به زر

شکوه بُرز' و صلابت نمود و سطوت روی
تپنده‌کالبد و غول‌پیکر، اژدربر

چنان بُود به سترگی و خشم و صولت و صبر
که در سپاه علی بود مالک اشتر

---
۱. قد و قامت.

حماسه‌بان غدیر[1]

بیداری دوبارهٔ تاریخ را
آنک
سرداری
از سرزمین مُغانِ آذرگُشَسب
ـ به بطحا ـ تا کرانهٔ غدیر خم ـ
می‌تازد

با پرچمی از حماسه بر دوش
و طلایه‌ای از آفتاب امید پیش روی
و سپاهی از پولاد عزم در پَسِ پشت
با قامتی
به اُستواری یارایی
و عزمی
چون عزم شهادت، راستین
با گام‌هایی به بلندی تاریخ...

❖ ❖ ❖

---
۱. در سوک علّامهٔ مجاهد، امینی، رضوان الله علیه، مؤلف کتاب «الغدیر».

می‌تازد
در سرزمین‌های فراموشی
در سرزمین‌های خاموشی
در سرزمین‌های تاریخی
می‌تازد، جست‌وجوگر
و سُمْ‌ضربه‌های خَنگِ پیش‌رُوَش
آهنگِ بیداری دوبارهٔ زمین است
و زمینیان
و تاریخ.

می‌تازد
بی‌هراسیش از دام‌چاله‌های هول بر دل
با کوله‌باری از ره‌توشهٔ دانش و عشق در سر
و با چشمانی
چون دو ناقهٔ آبکش
با آب‌توشهٔ اشکی همواره همراه

شمشیری آخته بر میان
به برهنگی صراحت
و برندگی قاطعیّت
و زوبینی بر کف دارد
از برهان
و زخمی دیرمان
زخمی هزارساله
از غدیر

بر سینه
و بر پیشانی،
که میان دو ابرو را
با چینی عبوس به هم برآورده
و خشمی همواره
دست‌آورد این زخم تاریخی است
و آشتی‌ناپذیری
دست‌مایهٔ آن

❖ ❖ ❖

عمری تاخت سردار
و کاری چنان عظیم نهاد
که گویی
با شانه‌های عزم،
ارسباران را
از آذرآبادگان تا احد جابه‌جا کرد!

❖ ❖ ❖

تاریخ خفته را به فریاد خشم و حق‌جویی
ندا در داد

فریادش،
طنین پر صلابت دادخواهی بود
از حماسه‌ای
که می‌رفت فراموش گردد...

حقیقت را
که «چون علف‌های دریایی

در امواج تیرهٔ دریایِ دروغ محو شده بود»
دگر بار
برآورد
و در باغ بینش
در چشم‌اندازی روشن
- پیش روی پنجرهٔ تاریخ -
نشانید
تا دگرباره
رویید و بالید

❖❖❖

آنک
در بوستان دست‌پرورد تو
ای باغبان پیر تاریخ!
چه گل‌ها که باز رویید
هر یک به نشانهٔ حقیقت
و تو
از برکهٔ غدیر
بر این بستان آب گشودی
بالیدن دوباره را...
با یاد و نام علی
بوذر
میثم
اشتر
و دیگرهای دیگر...

❖❖❖

اینک، کتب آسمانی، همه
به حرمت و سپاس در کتاب تو ـ الغدیر ـ
می‌نگرند
که از دست‌های زمینیِ تو تراوید
و بی‌پشتوانهٔ وحی
به پیشتیبانی پاسدار وحی برخاست
و بر فراز شد
و چون ماهواره‌ای بلند
هنگام در هنگام
تا جاودان
بر مدار حق خواهد درخشید....
درشتناک‌ترین کلمات را
به خدمت بایدم گرفت
تا تو را بسرایم
ای شعر بزرگ
ای صخره‌وار!
صلابت تو را هیچ شعر موزونی درخور نیست

خرداد ۱۳۵۲

میلاد آفتاب

این شعر را در اینجا صرفاً از آن رو که نخستین شعر آیینی من است و در شانزده هفده سالگی سرودم با تأثیرپذیری آشکار از مسمط‌های منوچهری که در کتاب درسی فارسی می‌خواندم؛ هنگامی که دانش‌آموز دوم یا سوم دبیرستان بودم.

آثار شعف از چه ز هر سوی عیان است
وندر طرب از بهر چه ذرات جهان است

نی بر لب مطرب ز چه دائم به فغان است
دهر کهن از بهر چه خندان و جوان است
گویا که دگر بار ز راه آمده آذار[1]

از چیست دگر بار بنفشه به لب جو
خم کرده سر خویش که شوید بدن و رو

نیلوفر زیبا ز چه تا نیمهٔ زانو
رفته به دل آب و فشانده سَر گیسو
وز چیست که شد صحن چمن طبلهٔ عطار

---

۱. ماه سوم از سال شمسی عربی برابر مارس، مجازاً یعنی بهار.

سنبل به سَر دوشِ سمن سر بنهاده
دوشینه تو گویی که فراوان زده باده

کامروز در آغوش سمن مست فتاده
بیدار نگردیده و چشمان نگشاده
آری بود این از اثر بادهٔ بسیار

در طرف چمن غلغله‌ای سخت به پایست
قمری به فغان‌ست و قناری به نوایست

بشنو که ز هر حنجره بر پای صدایست
وز بین همه قهقههٔ کبک رسایست
چشمان گل از چهچهٔ بلبل شده بیدار

بگذاشته لاله به کفِ خویش پیاله
لبریز شده جام وی از قطرهٔ ژاله

اما به گمانی که شرابی‌ست دوساله
بی دست کند سوی گلی جام حواله
آری بود او ساقی در گلشن و گلزار

بیجاده[1] ز مخمل به بر افکنده شقایق
حقا که تن اوست بدین خلعت لایق

---

۱. نوعی سنگ قیمتی سرخ.

افسوس که داغی به دلِ اوست ز سابق
وین داغ گواه‌ست که این عاشقِ صادق
افتاده بدین روز ز بی‌مهریِ دلدار

غنچه چو یکی نافهٔ خوش‌بو شده گویی
آن نافه که بی منّتِ آهو شده گویی

بگشوده لب خود که سخن‌گو شده گویی
زان غازه[1] که بر رخ زده بانو شده گویی
بر چهره‌اش از ژاله دوصد لؤلؤ شهوار

من مات که این غلغله از بهرِ که بر پاست
این دشت گل از بهرِ قدوم که مهیّاست

این فکر مرا بود که این نغمه به پا خاست
امروز ندانی تو مگر مولدِ مولاست؟
آمد به جهان حجّتِ حق، حیدرِ کرّار؟

خیزید و خم از میکده بر دوش بیارید
بر دوش بیارید و به مسجد بگذارید

کامِ دلِ خود از میِ گلگونه برآرید
یک جام هم آهسته به زاهد بسپارید
کامروز بود او و خودی و نیست ز اغیار

---
۱. سرخاب.

دانی ز چه این کعبه مطاف همگانست
پیوسته زیارتگه خرد است و کلان است؟

چون زادگه شیر خدا جان جهان است
چیزی که عیان‌ست چه حاجت به بیان‌ست
زان نیز که این خانه بود خانهٔ دادار

جان‌ها همه قربان تو ای جان محمّد
ای باخته سر در خَمِ چوگان محمّد

خصم تو بود دشمن یزدان محمّد
این گفته عیان است به قرآن محمّد
آیا کند این نکته به جز خصم تو انکار؟

قم – دبیرستان دین و دانش
سال تحصیلی ۱۳۳۶-۱۳۳۷

گوشوارهٔ عرش
حضرت امام حسن مجتبی صلوات الله علیه

تــو مجتبای خدایــی و مصطفای دلی
رمیــدگان سَــرِ کوی عشــق را مأمن

نام: حسن، فرزند علی(ع) و فاطمه(س)
زادروز: شب ۱۵ رمضان سال سوم هجرت در مدینه
لقب: مجتبی
کنیه: ابومحمد
همسران: امّ بشیر (دختر ابومسعود خزرجی)، خَوله (دختر منظور فزاری)، امّ اسحاق (دختر طلحه بن عبیدالله تیمی) و جعده (دختر اشعث بن قیس که با زهر ارسالی معاویه و هزار درهم و وعدۀ ازدواج با یزید، آن امام همام را به شهادت رساند.)
فرزندان: پانزده فرزند. مشهورترین: قاسم (که در کربلا شهید شد)، حسن مثنی و حسین اثرم. (آن حضرت از جعده فرزندی نداشتند.)
شهادت: ۲۸ صفر سال ۵۰ هجری
مدت امامت: ۱۰ سال
مدت زندگانی: ۴۷ سال

گوشوارهٔ عرش[1]

دمید باز گل صبح‌دم به طرف چمن
رمید شب ز جهان چون ز طرف باغ، زغن

ز پیش یار به دیدار گل به باغ شدم
که صبح بود و بهاران و روح من توسن

چمن شراب‌وش و سکربخش اما سبز
چو روح کودک پاکیزه لیک توبه‌شکن

چکیده باز مگر ژاله دوش بر تن گل
که پیش باد کنون گُستَرَد لب دامن؟

❖ ❖ ❖

میان باغ نشسته به بزم دختر گل
برون تمشک ستاده به پاسِ پیرامَن

---

[1]. در میلاد مسعود سرور جوانان مینوی، وصّی رسالت نبوی، گوشوارهٔ عرش، زادهٔ اوّل عشق و امام دوّم حق، حضرت حسن بن علی بن ابی‌طالب، علیهم السلام.

خمیده مست لب جوی و می‌توانی دید
در آب مانده سَرِ طُرّه‌های آویشَن

گل اوفتاده در آغوش باد، مست و خراب
چو مِه که مست فتد صبحدم به دوشِ گون

سیاه‌مست‌تر از پونه، نسترن، لب جو
خراب‌تر ز سِپَرغَم، کنار برکه، جَگَن

❖ ❖ ❖

بهار در دل هر باغ مستیِ گل را
به عمر خویش بسی باز دیده بودم من

ولیک این همه مخمور می ندانستم
چراست وز اثرِ چند جامِ مردافکن

در این شگفتی خود مانده من که دلبرکم
به جست‌وجوی من از ره رسید در گلشن

ز موجِ زلفِ دلاراش روی شانۀ باد
زَرشک بید خمید و چمید قامتِ وَن

عتاب کرد که آخر نه شاعری تو مگر
کنار توست غزال و تو می‌روی به ختن؟

بگفتمش که فدای یکی نگاه تو باد
هزار بار اگر روی گل توان دیدن

نگر به باغ و بگو با من، از برای چراست
چنین که مست ز کف داده است گل دامن

شگفت نیست بدین گونه بی‌خودی در باغ؟
عجیب نیست چنین نشوه در گل و سوسن؟

بگفت: از تو شگفت است نی ز مستیِ گل
که مانده فکر تو تاریک گویمت روشن

چگونه شاعر آل اللّهی که نتوانی
شنید بانگ سروش و صلا ز دشت و دمن؟!

صلای عشق برآمد ز کائنات امروز
که هان بنوش و بنوشان به یاد روی «حسن»

نه گل به مقدم او شادمان و مست افتاد
که مانده با قدمش مست کوچه و برزن

بگفتمش که مرا زین تغافل بی‌جا
به‌جاست تلخ شنودن از آن نبات‌دهن

کنون بیا که برآییم شاد و دست‌افشان
به عهد تازه بنوشیم باده‌های کهن

سری که شاد به میلاد او مباد، مباد!
دهان دشمن او باد خانهٔ شیون

به پای خیز و بکش تیغ شادمانی را
هم از قرابهٔ می هم ز غم بزن گردن

❖ ❖ ❖

نخست زادهٔ عشق و امام دوم حق
که نام قدسی او ریشه سوزِ خارِ حَزَن

ز خوشهٔ دل زهرا، نخست دانهٔ عشق
به کشتزار امامت، فزون‌تر از خرمن

ز پشت همچو علی همچو او برآید زانک
ز شیر شیر برآید همی و شیراوژن

سترون است جهان زادن چنو را زانک
جهان که آرد خود کز حسن بود احسن؟

بنفشه نیز سر از شرم پیشِ رو دارد
چنان که نیز شقایق چنان که هم لادن

❖ ❖ ❖

بزرگوار اماما، به پیش روی گلت
ستاده‌ایم خجل نیز ما ز کم گفتن

به پیشگاه تو تاریخ شرمسارتر است
که یافه بافت اگرچه به خویش زد درزن

زمانه کرد عیان کآنچه دشمنان گفتند
همان چو کوفتن آب بود در هاون

گهی به طعنه نوشتند از چه صلح آورد
گهی به طنز که او بود شوی چندین زن

فغان ز بی‌خردی وز دروغ و بی‌شرمی
تفو به سیرت این راهیان حیله و فن

مگر نبود مر او را پدر علی، کو بود
به جان دشمن خود شعله‌وار آتش‌زن

همو مگر به دل خانه برهه‌ای ننشست
به گردنش ز کف سفلگان فتاده رسن؟

نه آن به امر خدا بود و این به خاطر حق؟
وگرنه چون ز علی دست می‌توان بستن؟

پسر هم از پس او هر چه کرد همچو پدر
همه به گفتهٔ حق بود و خالق ذوالمن

چو بی‌ارادهٔ حق آب هم نمی‌نوشید
نکرد لب تر و جز حق نگفت با دشمن

چنان که از پدر وی نبرد نیکو بود
ازو، به امر خدا، صلح بود مستحسن[1]

❖ ❖ ❖

سترگ پایه اماما! تو را به حق نبی
که دین پاک خدا شد به سعی او متقن

بگو به مهدی دین‌پرورِ که بازآید
که تا جهان برهد از شراره‌های فتن

---

[1]. در ایام گفتن این چکامه صدام هر شب روزه‌داران تهران را هدف موشک‌ها قرار می‌داد. این چند بیت در شکوه از این ددمنشی‌های صدامی، همان زمان در متن قصیده آمده بود. اکنون که جهان از لوث وجود ننگین صدام خلاصی یافته، تنها برای ماندن در تاریخ از متن به حاشیه آوردم:

بزرگوار اماما، سر از بقیع برآر
ببین که چون جگرت خون رود ز چشم وطن
سر از بقیع چو یوسف برآر و بین کز خصم
شد این سراچهٔ مهر رخ تو بیت حزن
برآر سر که ببینی که شیعیان تو را
چگونه می‌کشد این مایهٔ وبال و محن
شبانگهان چو شغالان و روبهان آید
زند به لانهٔ شیران بیشهٔ میهن
عقاب نیست چو ما تا دلیر آید روز
چو جغد شوم شبانگاه آید از مکمن
یزیدزادهٔ ناپاک دودهٔ بی‌اصل
سیاه‌روی‌تر از شب، پلیدتر ز لجن
حرامزادهٔ پلیدی، که نام ناپاکش
به نزد شمر بود چون کلام مستهجن

بگو که چشم ز ایران ما نگیرد باز
کز آن به دیدۀ کفر جهان بود سوزن

بزرگوار اماما! دریغ کاین برخی
نه لایق است که مهر تو پوشدش جوشن

نه ذرّه‌ای چو منی درخور است مهر تو را
کجای حوصله سیمرغ جا دهد ارزن

نخواهم از تو چو لایق نی‌ام که مهر کنی
تو باغسار بهشتی و من یکی گلخن

نه نیز هیچ صلت خواهم از کف تو چنانک
بخواست دعبل از هشتمین امام، کفن

ولیک از تو یکی مسئلت ز جان دارم
به جان فاطمه تن زین سؤال هیچ مزن

مرا به حرمت زهرا به حشر وامگذار
به لحظه‌ای که به پاسخ زبان بود الکن

❖ ❖ ❖

تو مجتبای خدایی و مصطفای دلی
رمیدگان سَر کوی عشق را مأمن

به خاک پای تو این چامه را ز گرمارود
فراز کردم و عشقت مراست پاداشَن

تهران - ۱۳۶۷
در ایام موشک‌باران‌های صدامی

حضرت سیدالشهدا

حسین بن علی صلوات الله علیه

از بادهٔ نگـه دل ما را خراب کن
بر تاک مانده‌ایم تو ما را شراب کن!

نام: حسین، فرزند علی و فاطمه
زادروز: سوم شعبان سال چهارم هجرت در مدینه
لقب: سیدالشهداء
کنیه: ابوعبدالله
همسران: شهربانو(یا شاه زنان، دختر یزدگرد ساسانی)، لیلی (دختر ابوقرة بن عروة بن مسعود ثقفی)، رباب (دختر امرؤالقیس)
فرزندان: شش فرزند. علی‌اکبر (که در کربلا شهید شد)، علی‌اوسط (حضرت سجاد)، عبدالله (مشهور به علی‌اصغر که در کربلا در آغوش پدر با تیر شهید شد)، سکینه، فاطمه، رقیّه، و...
شهادت: دهم محرم سال ۶۱ هجری
مدت امامت: ۱۱ سال
مدت زندگانی: ۵۸ سال

خط خون

درختان را دوست می‌دارم
که به احترام تو قیام کرده‌اند،
و آب را
که مَهر مادر توست،
خون تو شرف را سرخ‌گون کرده است
شفق، آینه‌دار نجابتت،
و فلق، محرابی
که تو در آن
نماز صبح شهادت گزارده‌ای

❖ ❖ ❖

در فکر آن گودالم
که خون تو را مکیده است
هیچ گودالی چنین رفیع ندیده بودم
در حضیض هم می‌توان عزیز بود
از گودال بپرس

❖ ❖ ❖

شمشیری که بر گلوی تو آمد
هر چیز و همه چیز را در کائنات
به دو پاره کرد:
هر چه در سوی تو، حسینی شد
و دیگر سو، یزیدی
اینک ماییم و سنگ‌ها
ماییم و آب‌ها
درختان، کوهساران، جویباران، بیشه‌زاران
که برخی یزیدی
وگرنه حسینی‌اند.

❖ ❖ ❖

خونی که از گلوی تو تراوید
همه چیز و هر چیز را در کائنات دو پاره کرد
در رنگ!
اینک هر چیز یا سرخ است
یا حسینی نیست!

❖ ❖ ❖

آه، ای مرگ تو معیار!
مرگت چنان زندگی را به سخره گرفت
و آن را بی‌قدر کرد
که مردنی چنان،
غبطهٔ بزرگ زندگانی شد!

❖ ❖ ❖

خونت

با خون‌بهایت حقیقت
در یک تراز ایستاد
و عزمت، ضامن دوام جهان شد
- که جهان با دروغ می‌پاشد -
و خون تو، امضای «راستی»ست

❖ ❖ ❖

تو را باید در راستی دید
و در گیاه،
هنگام که می‌روید
در آب،
وقتی می‌نوشاند
در سنگ،
که ایستاده است
در شمشیر،
که می‌شکافد
در شیر، که می‌خروشد
در شفق
که گلگون است
در فلق
که خندهٔ خون است
در خواستن
برخاستن
تو را باید در شقایق دید
در گل بویید

تو را باید از خورشید خواست
در سحر جست
از شب شکوفاند

با بذر پاشاند
با باد پاشید
در خوشه‌ها چید
تو را باید تنها در خدا دید

❖ ❖ ❖

هر کس، هر گاه، دست خویش
از گریبان حقیقت بیرون آورد
خون تو از سرانگشتانش تراواست
ابدیّت
آینه‌ای است:
پیش قامت رسای تو در عزم
خورشید
لایق نیست
وگرنه می‌گفتم
جرقهٔ نگاه توست

❖ ❖ ❖

تو، تنهاتر از شجاعت
در گوشهٔ روشن وجدان تاریخ ایستاده‌ای
به پاسداری از حقیقت
و صداقت
شیرین‌ترین لبخند

بر لبان ارادهٔ توست
چندان تناوری و بلند
که به هنگام تماشا
کلاه از سر کودک عقل می‌افتد

❖ ❖ ❖

بر تالابی از خون خویش
در گذرگه تاریخ ایستاده‌ای
با جامی از فرهنگ
و بشریّت رهگذار را می‌آشامانی
هر کس را که تشنهٔ شهادت است

❖ ❖ ❖

نام تو خواب را بر هم می‌زند
آب را طوفان می‌کند
کلامت قانون است
خرد در مصاف عزم تو، جنون
تنها واژهٔ تو خون است خون
ای خداگون!

❖ ❖ ❖

مرگ در پنجهٔ تو
زبون‌تر از مگسی‌ست
که کودکان به شیطنت در مشت می‌گیرند
و یزید، بهانه‌ای،
دستمال کثیفی که خلطِ ستم را در آن تف کردند
و در زبالهٔ تاریخ افکندند

یزید کلمه نبود
دروغ بود
زالویی درشت
که اکسیژن هوا را می‌مکید
مخنّثی که تهمت مردی بود
بوزینه‌ای با گناهی درشت:
«سرقت نام انسان»

و سلام بر تو

که مظلوم‌ترینی
نه از آن جهت که عطشانت شهید کردند
بل از این رو که دشمنت این است!

❖ ❖ ❖

مرگِ سرخت
تنها نه نام یزید را شکست
و کلمهٔ ستم را بی‌سیرت کرد
که فوج کلام را نیز در هم می‌شکند
هیچ کلام بشری نیست
که در مصاف تو نشکند
ای شیرشکن!
خون تو بر کلمه فزون است
خون تو در بستری از آن سوی کلام
فراسوی تاریخ
بیرون از راستای زمان
می‌گذرد

خون تو در متن خدا جاری است

❖ ❖ ❖

یا ذبیحالله
تو اسماعیل گزیدهٔ خدایی
و رؤیای به حقیقت پیوستهٔ ابراهیم
کربلا میقات توست
محرّم میعاد عشق
و تو نخستین کس
که ایّام حج را
به چهل روز کشاندی
وَاَتمَمناها بِعَشر[1]
آه
در حسرت فهم این نکته خواهم سوخت
که حجِّ نیمه‌تمام را
در اِستِلام حَجَر وانهادی
و در کربلا
با بوسه بر خنجر تمام کردی

❖ ❖ ❖

مرگ تو،
مبدأ تاریخ عشق
آغاز رنگ سرخ
معیار زندگی‌ست

❖ ❖ ❖

---

۱. پس آن را با ده روز، تمام کردیم و کامل ساختیم. (سورهٔ اعراف، آیهٔ ۱۲۴)

خط با خون تو آغاز می‌شود
از آن زمان که تو ایستادی
دین راه افتاد
و چون فروافتادی
حق برخاست
تو شکستی
و «راستی» درست شد
و از روانهٔ خون تو
بنیان ستم سست شد
در پاییز مرگ تو[1]
بهاری جاودانه زایید
گیاه رویید
درخت بالید
و هیچ شاخه نیست
که شکوفه‌ای سرخ ندارد
و اگر ندارد
شاخه نیست
هیزمی‌ست ناروا بر درخت مانده

تو راز مرگ را گشودی
کدام گره، با ناخن عزم تو وانشد؟
شرف، به دنبال تو
لابه‌کنان می‌دود

---

۱. می‌گویند شهادت آن بهار شهادت، در فصل پاییز رخ داده است.

تو فراتر از حمیتی
یگانه‌ای، وحدتی
نمازی، نیتی

آه ای سبز!
ای سبز سرخ!
ای شریف‌تر از پاکی
نجیب‌تر از هر خاکی
ای شیرین سخت!
ای سخت شیرین!
ای بازوی حدید
شاهین میزان
مفهوم کتاب، معنای قرآن!
نگاهت سلسلهٔ تفاسیر
گام‌هایت وزنهٔ خاک
و پشتوانهٔ افلاک
کجای خدا در تو جاری‌ست
که از لبانت آیه می‌تراود؟
عجبا![1]
عجبا از تو، عجبا!
حیرانی مرا با تو پایانی نیست
چگونه با انگشتانه‌ای از کلمات
اقیانوسی را می‌توان پیمانه کرد؟

❖ ❖ ❖

---

۱. اشاره به آیهٔ ۹ سورهٔ کهف «ام حسبت انَّ اصحابَ الکهفِ والرقیمِ کانوا مِن آیاتنا عجبا.» که آن حضرت آن را بر نیزه قرائت فرمودند.

بگذار بگریم
خون تو، در اشک ما تداوم یافت
و اشک ما
دشنه‌ای تشنه شد
و در چشم‌خانهٔ ستم نشست
تو قرآن سرخی
«خون‌آیه»های دلاوریت را
بر پوست کشیدهٔ صحرا نوشتی
و نوشتارها
مزرعه‌ای شد
با خوشه‌های سرخ
و جهان یک مزرعه شد
با خوشه، خوشه، خون
و هر ساقه:
دستی و داسی و شمشیری
و ریشهٔ ستم را وجین کرد
و اینک
و هماره
مزرعه سرخ است

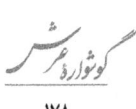

❖ ❖ ❖

یا ثارالله
آن باغ مینوی
که تو در صحرای تفته کاشتی
با میوه‌های سرخ

با نهرهای جاری خوناب
با بوته‌های سرخ شهادت
وان سروهای سبز دلاور
باغی‌ست که باید با چشم عشق دید
اکبر را
صنوبر را
بوفضایل را
و نخل‌های سرخ کامل را

❖ ❖ ❖

حُر، شخص نیست
فضیلتی‌ست
از توشه‌بارِ کاروانِ مهر جامانده
آن سویِ رود پیوستن
و کلام و نگاهِ تو
پلی‌ست
که آدمی را به خویش بازمی‌گرداند
و توشه را به کاروان
و اما دامنت:
جمجمه‌های عاریه را
در حسرتِ پناه یافتن
مشتعل می‌کند؛
از غبطهٔ سَرِ گلگونِ حُر
که بر دامنِ توست

❖ ❖ ❖

ای سبز!
بعد از تو
«خوبی» سرخ است
و گریهٔ سوک
خنجر
و غمت توشهٔ سفر
به ناکجاآباد
و ردِّ خونت،
راهی
که راست به خانهٔ خدا می‌رود...

❖ ❖ ❖

تو، از قبیلهٔ خونی
و ما از تبار جنون
خون تو در شن فروشُد
و از سنگ جوشید
ای باغ بینش
ستم، دشمنی زیباتر از تو ندارد
و مظلوم، یاوری آشناتر از تو

❖ ❖ ❖

تو کلاسِ فشردهٔ تاریخی
کربلای تو، مصاف نیست
منظومهٔ بزرگ هستی‌ست،
طواف است
پایانِ سخن

پایانِ من است

تو انتها نداری...

تهران
عاشورای ۱۴۰۰ هجری قمری
۱۳۵۸ هجری خورشیدی

یادآوری

شعر «خطِ خون»، که نام یکی از مجموعه‌های شعر آزاد من نیز از آن گرفته شده است، در سال ۱۳۵۹ با کوشش استاد عبداللّطیف الزّبیدی، شاعر و ادیب تونسی(مقیم امارات)، به عربی برگردانده شد و بارها از بخش عربی صدای جمهوری اسلامی ایران پخش گردید. نظر به رشاقت و شیوایی ترجمه، بر آن شدم که آن را، پس از اعراب‌گذاری، در پایان کتاب حاضر با نام پی‌نگاشت، بیاورم؛ تا هم برای دانشجویان رشتهٔ زبان و ادبیات عرب، نمونهٔ روشن و شیوایی باشد و هم به گونه‌ای سپاس از استاد عبداللّطیف الزّبیدی. لطفاً آن را در صفحهٔ ۳۰۹ کتاب حاضر بخوانید.

ای سرفراز خدایی

هم کوهسار بلندی، هم پرنیان و پرندی
چونت بگویم که چونی، چونت بسنجم که چندی

از سنگ نرگس برآید وز خاک خیزد شقایق
بر آن اگر دیده دوزی، وَر چهر این را پسندی

ای سرفراز خدایی، از نیزه چون سرکشیدی؟
ای آفتابِ تواضع، بر نیزه خود را چه بندی؟

عشق تو نخجیر دل‌ها در بیشهٔ روزگاران
هر کس دل سرخ دارد، ای سبز، او را کمندی

غمگین برای تو باران، چشمه برای تو جوشان
ما و همین چشم گریان، بر اشک ما ور بخندی

کربلا آیینهٔ عشق خداست

کربلا آیینهٔ عشق خداست
در نماز مهر، خاکش مُهر ماست

خیمه‌ها در آن به عشق افراختند
زین سبب آتش در آن انداختند

این چمن چون آتشش با خویش بود
از گلستان خلیلی پیش بود

آتش آن، گل شد از افروختن
وین چو گل با خویش دارد سوختن

آن خلیل‌الله و این ثارالله است
فرق را تنها خدا خود آگه است

یک یک از باغ دلش هر گل که داشت
چید و پیش پای آن محبوب کاشت

وانگه از پی، خویش پا بنهاد پیش
گفت با محبوب خود از حال خویش:

جز حجاب جان مرا در پیش نیست
طاقت هجران رویت بیش نیست

اینک این گودال عرش کبریاست
نام، گودال و بلندا تا خداست

برج بیداری است این گودال نیست
جز ز خون عشق مالامال نیست

❖ ❖ ❖

آفتابا از شب ما رخ متاب
ای تو بیدار قرون و ما به خواب

ای تو یکسر جوهر و ما چون عرض
مرهمی، ای تو مسیح هر مرض

شب یازدهم محرم

سیاهی بود و شب می‌بود و غم بود
سیاهی، غمگنی و شب به هم بود

همه سو خار غم در خاک رسته
زمین از خون پاکان روی شسته

به هر سو پیکر توحید بر خاک
شده از تیغ کفر و شرک صد چاک

ستم در خیمه‌ها آذر نهاده
شرف افتاده و کفر ایستاده

اگر شام غریبان بی‌فروغ است
دوام تیرگی‌ها هم دروغ است

شب شراب... و شب خون[1]

شب افسرده و سنگین و خموش
همه جا پرچم خود می‌افراشت

تا نخیزد کسی از خوابی نوش
باد آهسته قدم بر می‌داشت

عمر تاریک شب از نیمه گذشت
خواب سنگین همه جا رخت کشید

بر سر و پیکر خوابیدهٔ دشت
شَمَدِ روشنِ مهتاب سپید

آنک آن شهر دمشق است لوند
خفته بر دامن مهتاب سپید

---

[1]. به یادبود شب یازدهم محرم سال ۶۱ هجری.

سر برافراخته تا ماهِ بلند
برج افراشتهٔ قصر یزید

خفته در بستر نازی ز پرند
دختری نیک‌رخ و گرم‌آغوش

شمع کافوری زیبایی چند
یک دَو نورانی و باقی خاموش

مجمری کنج اتاق اما دور
عنبر و عود در آن می‌سوزد

موجی از عطر و شعاعی از نور
مشک می‌پاشد و می‌افروزد...

دست در گردن آن افسون‌کار
این یزید است چنین افتاده

روز در کار شکار است و قمار
شب در آغوش یکی دلداده

و شب خون

... شب افسرده و سنگین و خموش
همه جا پرچم خود می‌افراشت

تا نخیزد کسی از خوابی نوش
باد آهسته قدم برمی‌داشت

دشت در پرتو مهتابی مات
رفته در سایهٔ غم‌رنگ فرو
نالهٔ زمزمه‌آسای فُرات
موج برداشته و تو در تو

سایهٔ نخل بلندی لب رود
خط بر آیینهٔ آب افکنده

وین طرف در بن یک سنگ کبود
یک دو گودالِ ز خون آکنده

خیمه‌ای سوخته و روزنه‌دار
و اندر آن غمزدگانی محزون

نه چراغی‌ست فروزان شب تار
ماه از روزنه تابیده درون

دور این دشتِ کران ناپیدا
همه آمیخته خون با مهتاب

خفته بر دشت، سر و پیکرها
همچو بشکسته بلم‌ها بر آب

مرغ حق، بر سَرِ نخلی، از دور
می‌خروشید و حکایت‌ها داشت

ماه از شب‌رویِ خود رنجور
سر به بالشچهٔ کهسار گذاشت

شب افسرده و سنگین و خموش
همه جا پرچم خود می‌افراشت

تا نخیزد کسی از خوابی نوش
باد آهسته قدم برمی‌داشت...

عاشورای ۱۳۴۰ شمسی

آغاز روشنایی آینه
ترکیب‌بند عاشورایی در ۱۵ بند

محرّم ۱۴۲۹ هجری قمری
زمستان ۱۳۸۶ هجری خورشیدی

بند اول

از گلوی غمگین فرات

می‌گریم از غمی که فزون‌تر ز عالَم است
گر نعره برکشم ز گلوی فلک کم است

پندارم آنکه پشت فلک نیز خم شود
زین غم که پشت عاطفه زان تا ابد خم است

یک نیزه از فراز حقیقت فراتر است
آن سر که در تلاوتِ آیاتِ محکم است

ما مردگانِ زنده کجا، کربلا کجا!
بی تشنگیِ چه سود گر آبی فراهم است

جز اشک زنگِ غفلتم از دل که می‌برد؟
اکنون که رنگِ حیرتِ آیینه دَرهم است

اما دلی که خیمه به دشتِ وفا زند
آیینهٔ تمام‌نمای محرّم است

وین شوق روشنم به رهایی که در دل است
آغاز آفتاب و سرانجام شبنم است
آه ای فرات! کاش تو هم می‌گریستی
آسوده، بی‌خروش، روان بهرِ کیستی

بند دوم

نقش کبریا

انگار کربلا، رقم خامهٔ خداست
یا پرده‌ای نگاشته از نقش کبریاست

یک سوی، نقشِ روشنِ سبز و سپید را
بر آن نگاره بُرد که پیدا و روشناست

یعنی به رنگِ سبز، صف اولیا کشید
سوی دگر سیاههٔ مشئوم اشقیاست

اما چرا فرات میان دو سوی نقش
آن گونه می‌رود که ز لب‌تشنگان جداست

خورشید را سپید و درخشان کشیده است
انگار چهرِ قدسیِ سالارِ کربلاست

خورشید در میانه درخشان و گردِ او
هفتاد و یک ستارهٔ تابان و آشناست

چون شیشهٔ چراغ بود چهرِ پیشوا
یا شب‌چراغ محفل صبر جمیل ماست
آن شیشه برشکستهِ ز سنگ جفا چرا؟
وان شب‌چراغ در کفِ دیوان رها چرا؟

بند سوم

حُر (ع)

حُر شرم می‌کند که به مولا نظر کند
یا از کنار خیمهٔ زینب گذر کند

دیروز ره به چشمهٔ خورشید بسته بود
امشب چگونه روی به سوی قمر کند؟

آغاز روشنایی آیینه حیرت است
زان پس که از تبارِ سیاهی حذر کند

در غیبت سپیده سحر هم سترون است
کو پرتوی که آینه را بارور کند؟

خورشید گرم پویهٔ منزل به منزل است[1]
راهی بجو که فاصله را مختصر کند؟

یک گام تا به خانهٔ خورشید بیش نیست
حاشا که راه را قدمی دورتر کند

ره‌پوی کوی دوست چه حاجت بَرَد به پا
کو آفتاب عشق که با سر سفر کند

از نیمه‌راه فاجعه برگشت سوی عشق
تا خلعتِ بلند وفا را به بر کند
در کربلا دوباره جهان عشق را شناخت
در کربلا جهان دل خود را دوباره ساخت

---

۱. اشاره است به آنکه امام(ع) تا نخستین برخورد با حر، در منزل «ذی حُسَم»، راه خود را منزل به منزل پیموده بودند و پس از آن هم تا کربلا چنین کردند. (رک: دمع السجوم، ترجمهٔ مرحوم شعرانی از نفس المهموم حاج شیخ عبّاس قمی، چاپ وزارت ارشاد، ص ۱۶۰ـ ۱۶۳). و توجه دارم که اصطلاح نجومی «منازل»، ویژهٔ قمر است نه خورشید و در قرآن هم آمده است: «والقمرَ قدّرناه منازل.» (سوره یس، آیه ۳۹) و در ادبیات گذشتهٔ ما نیز به کار می‌رفته و مثلاً جامی گفته است: قمر را چه پرسی شمار منازل؟ اما در اینجا خورشید یعنی امام(ع) و پویهٔ خورشید یعنی سفر منزل به منزل او. بنابراین برای خورشید منازل نجومی فرض نکرده‌ام. بگذریم از اینکه در همان قرآن می‌فرماید: «والشمس تجری لمستقرّ لها» (سوره یس، آیه ۳۸) و مستقر را، همه، قرارگاه (= منزل) معنی کرده‌اند و حافظ نیز می‌گوید:
ماه و خورشید به منزل چو به امر تو رسند
یار مه‌روی مرا نیز به من بازرسان

بند چهارم

عشق، حماسه، غم

این کاروان که عازم سرمنزلِ دل است
فارغ ز رهگشودن منزل به منزل است

گم‌گشته‌ای که راه به خورشید بسته بود
اکنون همو ز راهروانِ رهِ دل است

خورشید هم که قافله‌سالارِ این ره است
از رهروان روشن این راهِ مشکل است

بذر ستاره در شفق سرخ خوشه داد
زان کِشتگاهِ نور زمین را چه حاصل است

عشق از ز کربلا رهِ خود تا خدا گشود
عقلِ زبون هنوز در آن پای‌درگِل است

ای شهسوار عشق مرا جانِ سرخ بخش
عاشق نی‌ام، هنوز دلم خام و عاقل است

دستِ مرا بگیر و ازین ورطه وارهان
دستی که نامراد به گردن حمایل است

در کربلا دوباره خدا آدم آفرید
در کربلا حماسه و غم با هم آفرید

بند پنجم

حبیب بن مظاهر (ع)

ای عشق از تو پیر و جوان را گزیر نیست
ای سربلند با تو کسی سر‌به‌زیر نیست

چونی که تا به ملک دلی خانه ساختی
دیگر کسی به جز تو در آن دل امیر نیست

گر سوی کس اشاره به جان باختن کنی
فرقی میان عاشق بُرنا و پیر نیست

در کربلا ولایتِ دل با حبیب بود
عشقی حبیب یافت که آن را نظیر نیست

از زیر برفِ پیریِ او لاله بردمید
هرگهَ ز باغِ دل بدمد لاله دیر نیست

جان را به راه دیدن محبوب داد و گفت
هر کس نه پیش چشمِ تو میرد بصیر نیست

در بیشه‌های سبزِ وفا شیر سرخ بود
رهرو اگر حبیب نباشد دلیر نیست
از صولتی که در نگهِ آن دلیر بود
در لرزه می‌فتاد وگر جانِ شیر بود

بند ششم

حضرت علی اصغر (ع)

چون موج روی دست پدر پیچ و تاب داشت
وز نازکی تنی به صفای حباب داشت

چون سوره‌های کوچک قرآن ظریف بود
هرچند او فضیلتِ امّ الکتاب داشت

چون ساقه‌های تازهٔ ریواس ترد بود
از تشنگی اگرچه بسی التهاب داشت

از بس که در زلالی خود محو گشته بود
گویی خیال بود و تنی از سراب داشت

لبخند سایه‌ای گذرا بود بر لبش
با آنکه بسته بود دو چشمان و خواب داشت

یک‌جا سه پاسخ از لبِ خاری شنیده بود
آن غنچه لیک فرصتِ یک انتخاب داشت

خونش پدر به جانب افلاک می‌فشاند
گویی به هدیه دادن آن گل شتاب داشت

خورشید در شفق شرری سرخ‌گون گرفت
یعنی که راهِ شیریِ او رنگِ خون گرفت

بند هفتم

حضرت قاسم بن حسن (ع)

آن چهرِ برفروخته ماهِ تمام بود
نورُسته بود لیک چو گل سرخ‌فام بود

همچون بنفشهٔ طَبَری تُرد و تازه بود
چون میوه‌های نورسِ ناچیده خام بود

قدّش کمی ز قامتِ شمشیر بیشتر
گویی چو ذوالفقارِ علی در نیام بود

گرما اگرچه شعله‌کش اما به روی او
چون بازتابِ شعله به روی رُخام[1] بود

---

۱. رُخام: سنگ مرمر.

چون سیب اوفتاده ز شاخه درون آب
غرقِ عَرَق دو گونهٔ آن گل مُدام بود

چشمانِ او دو گوهرِ تابان و بی‌قرار
در جست‌وجویِ رخصتِ جنگ از امام بود

آخر اجازه یافت که جان را فدا کند
وین رخصت از نگاهِ عمو بی‌کلام بود

بَرجَست بر بُراق و به معراجِ خون شتافت
میدان پلی به جانبِ دارالسّلام بود

یک بندِ پای‌پوش از او برنبسته ماند[1]
وین خود برای نسلِ جوان یک پیام بود:

قاسم ز شوقِ وصل سر از پا نمی‌شناخت
بی شوقِ حق مناسکِ دل ناتمام بود

شیرین‌تر است از عسل ار مرگ آبروست
زهر است زندگی اگرت بندگی در اوست

---

۱. در روایات و مقاتل آمده است که آن بزرگوار، هنگامِ رفتن به میدان نبرد، بندِ کفشِ پای چپ خود را برنبسته بود. (رک: دمع السجوم، ترجمهٔ مرحوم شعرانی از نفس‌المهموم حاج شیخ عبّاس قمی، چاپ وزارت ارشاد، ص ۲۷۵)

بند هشتم

حضرت علی اکبر (ع)

گرما در اوج بود و هوا شعله می‌کشید
حتّی نفس ز سینه به لب‌ها نمی‌رسید

جوشن به بر چو آتش سوزنده داغ بود
گویی عرق ز گونهٔ خورشید می‌چکید[1]

در سوی خصم جنگلی از تیغ و نیزه تیز
وز سوی دوست یوسفی از مصر می‌رسید

چشمان آهوانهٔ او با نگاهِ شیر
رخ چون شکوفه سرخ و لب از تشنگی سپید

گویی که از سیاوش و رستم خدایِ وی
زیبایی و شکوه در او با هم آفرید

می‌رفت و دیدگانِ پدر بود سویِ او
کی می‌توان که از جگرِ خویش دل بُرید

بر اسبِ چون بُراق به میدان چو برق رفت

---

[1]. پیش از من زنده‌یاد قیصر امین‌پور این تعبیر را به کار برده و گفته است: «از عرق پیشانی خورشید تر می‌شد.» (رک: منظومهٔ ظهر روز دهم، تهران، سروش، ۱۳۷۳، ص۶.)

زان تیغِ حیدری سپهِ خیبری رمید
شد مات از رخِ شَه و آن اسبِ پیلوار
هم لشکرِ پیاده و هم لشکرِ سوار

بند نهم
عقیلهٔ بنی‌هاشم، حضرت زینب (س)

زینب چو کوه صولت و چون مه جمال داشت
یک بیشه شیر بود که روحِ غزال داشت

یک سینهٔ نحیف و شکیب هزار داغ؟
غم، از شُکوهِ غم‌شکنش، انفعال داشت

گاهی به آسمان نگه از درد می‌فکند
گویی ز روزگار هزاران سؤال داشت

خورشید را چو خنجرِ کین سر برید، ماه
در خیمهٔ شفق چه بگویم چه حال داشت

خورشیدِ او ز نیزه برآورده بود سر
آن دم که روز، روی به سویِ زوال داشت

سهل است آتشی که ز دل می‌کشید سر
با خیمه چون کند که سَرِ اشتعال داشت

عرفان، به پای رفعتِ او بوسه می‌نهاد
بر شانه‌های عزم، ستون از جلال داشت
زینب شُکوه بود زنی بی‌سُتوه بود
زن بود و هم‌ترازِ دل و دستِ کوه بود

بند دهم

حضرت ابوالفضل (ع)

آن چشم‌ها که شرم در آن ناگزیر بود
تصویری از حماسه درونِ حریر بود

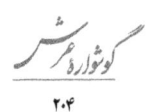

در نینوا درخششِ آن چهرِ پر فروغ
چون رویش ستاره کنارِ کویر بود

وان پرتو ملایم و مهتابی وقار
در چهره‌اش چو هالهٔ ماهِ مُنیر بود

تاریخ شاهد است که آن شهسوارِ عشق
آزاده‌ای به عشقِ برادر اسیر بود

با مشکِ تشنه‌کام برون آمد از فرات
سیراب شد ولیک زبارانِ تیر بود

انصاف را که خصمِ زبون در مصافِ او
حتی برای دشمنیِ وی حقیر بود

می‌تاخت او به دشمن و من بر لبم شکُفت
اندیشه‌ای که پیش‌ترم در ضمیر بود:

آغازِ سرفرازیِ گودال کربلا
در ژرفنا و گودیِ روزِ غدیر بود[1]

خون وفا به تیغ جفا ریخت بر زمین
وان تشنگی که ماند به جا بی‌نظیر بود
با این زبان چگونه تو را می‌توان سرود؟
بی بال کی توان که به معراج پر گشود؟

بند یازدهم

حضرت سید الساجدین (ع)

آری، به روز واقعه بیمار بوده‌ای
اما ذخیره بهر دل یار بوده‌ای

با امر حق به فاجعه نزدیک مانده‌ای
دور از نگاه تیرهٔ اغیار بوده‌ای

در آن سبک بدن تب سنگین چه کرده بود
کز آن شبانه‌روز گران‌بار بوده‌ای

---

۱. این مضمون را پیش از من دکتر علی‌رضا قزوه در این مصراع به کار برده است: «ابتدای کربلا مدینه نیست/ ابتدای کربلا غدیر بود» در *اشراق ماه (برگزیدهٔ شعر معاصر عاشورایی)*، به اهتمام مهدی خطیبی، ص۴۸.

ماندی وز آن امامت حق زنده ماند و باز
در هر نفس شهید به تکرار بوده‌ای

در کربلا شگرف‌ترین کار کرده‌ای
در کربلا غریب‌ترین یار بوده‌ای

هم سرخی شهادت خورشید دیده‌ای
هم چون شفق طلیعهٔ خون‌بار بوده‌ای

هم مَحملِ شکیبِ ره عشق گشته‌ای
هم هودجِ تحملِ دشوار بوده‌ای

در کربلا تو آن سخن ناشنیده‌ای
کآویز گوش خلق به اَدوار بوده‌ای

آن روز خور به خیمه رخ خود نهفته بود
خورشید دیگری به دل خیمه خفته بود

بند دوازدهم

سالار شهیدان حضرت ابا عبدالله (ع) - ۱

از بادهٔ نگه دل ما را خراب کن
بر تاک مانده‌ایم تو ما را شراب کن

لبریز بادهٔ نگه توست خُمِّ دهر
ما را به یک صُراحیِ دیگر خراب کن

بگشای طُرّه‌ای ز سَرِ زلفِ مُشک‌بار
کارِ جهان رها ز تبِ پیچ و تاب کن

ای پرسشِ نخستِ خداوند از جهان
وی پاسخِ همارهٔ تو عزمِ جواب کن

طنبورِ روزگار زَنَد نغمهٔ ناصواب
ای پنجهٔ درست، تو آن را صواب کن

وان را که نشنود ز سَرِ نی نوای حق
با نغمهٔ تلاوتِ قرآن مُجاب کن

ای دل به آستانِ حسینی رهی بجوی
«دورِ فلک درنگ ندارد، شتاب کن!»[1]
عمری به نحو می‌زدگان صرفِ خواب شد
بنیانِ ما ز ریزشِ وجدان خراب شد

بند سیزدهم

سالارِ شهیدان حضرتِ ابا عبدالله(ع) - ۲

شوقِ تو بهرِ وصل صبوری‌گداز بود
در اوج با لهیبِ دلت هم‌تراز بود

---
۱. این مصراع از حافظ است.

یک لحظه تا وصال دگر بیشتر نماند
اما به چشمِ شوقِ تو عمری دراز بود

از جان چو دست شستی و کردی ز خون وضو
محرابِ قتلگاه تو هم در نماز بود

آن دم که بر گلوی تو خنجر کشید خصم
روحِ تو در کشاکشِ راز و نیاز بود

لب‌های تو که غرقهٔ خون بود از جفا
با دوست از وفا همه در رمز و راز بود

دشمن به کشتن تو کمر بسته بود لیک
درهای آسمان همه روی تو باز بود

هر زخمِ تیرِ شور جدا داشت در تَنَت
کز زخمه‌های راهِ عراق و حجاز بود
ای چهره‌ات ز طلعتِ گل دل‌نوازتر
روحِ تو از شُکوهِ قُلل سرفرازتر

بند چهاردهم

ما و سالار شهیدان (٤) ـ ١

گویی ز خُمِّ مهرِ تو لب تر نکرده‌ایم
این باده را نخورده و باور نکرده‌ایم

مرد افکن است بادهٔ مهر تو لیک ما
زین باده هیچ‌گاه به ساغر نکرده‌ایم

جز مهر و گل که بر سَر و بَر جبهه سُوده‌ایم
خاکی دگر ز کویِ تو بر سر نکرده‌ایم

در عشق، از صُوَر به معانی نرفته‌ایم
در مِهرِ کارِ میثم و قنبر نکرده‌ایم

خود را فریفتیم بدین دلخوشی که ما
بی‌حرمتی به پورِ پیمبر نکرده‌ایم

رگ‌های ما ز خون تو خالی است وین شگفت
یک سطر ما ز خون تو از بر نکرده‌ایم

یک عمر همچو ابر به سوکت گریستیم
یک لحظه با حماسهٔ تو سر نکرده‌ایم
کار حماسهٔ تو گل آفرینش است
تا رستخیز، خون تو سرمشق بینش است

بند پانزدهم

ما و سالار شهیدان(ع) ـ ۲

شرمنده‌ایم لیک به لطفت امیدوار
چون خار مانده‌ایم به ساقِ گل ای بهار

تنها نه هیچمان ثمری نیست بهر دوست
دستِ تهی به سویِ تو داریم چون چنار

ما چون زمین تشنه تو ابر کرامتی
بر تشنگان ز ابر کرامت نمی‌ببار

چون جویبار، ذکر تو بر لب، روان شدیم
جز سویِ تو کجا رَوَد ای بحر، جویبار

ای آفتاب پرتوی از مهر برفروز
کز دودمانِ سایه بود روز و روزگار

تنها شهید طعمِ تو با جان چشیده است
ای بادهٔ الهیِ خوش‌خوارِ خوش‌گوار

ما دُردنوشِ خاک‌نشینِ ره توایم
یک جُرعه کن به خاک‌نشینانِ خود نثار

آیینه‌های دل ز گُنه پُر غبار شد
شاید ز سوک تو بتوان شست این غبار

دست توسلی که به سویِ تو آوریم
از دامنِ بلند خود ای دوست برمدار

لایق نه‌ایم لیک از این در کجا رویم
بهتر همان که باز سویِ کربلا رویم

حضرت اباالفضل
عباس بن علی صلوات الله علیه

عشـق با عباس می‌یابـد وجود
کربلا خود عاشق عبـاس بود

ساقی حقّ[1]

ای تشنهٔ عشق روی دلبند
برخیز و به عاشقان بپیوند

در جاری مهر، شست‌وشو کن
و آن گاه ز خون خود وضو کن

زان پا که در این سفر درآیی
گر «دست» دهی سبک‌تر آیی

رو جانب قبلهٔ وفا کن
با دل سفری به کربلا کن

افتاده وفا به خاک گلگون
قرآن به زمین فتاده در خون

عباس علی ابوفضایل
در خانهٔ عشق کرده منزل

---

[1]. از مجموعهٔ چمن‌لاله، تهران، زوّار، ۱۳۶۳، ص ۱۲۵.

❖❖❖

ای سروِ بلندِ باغِ ایمان
وی قمری شاخسارِ احسان

دستی که ز خویش وانهادی
جانی که به راهِ دوست دادی

آن شاخ درختِ باوفایی‌ست
وین میوهٔ باغِ کبریایی‌ست

ای خوب‌ترین به گاهِ سختی
ای شُهره به شرم و شوربختی

رفتی که به تشنگان دهی آب
خود گشتی از آبِ عشق سیراب

❖❖❖

چون سوی زمین خمید آن ماه
عرش و ملکوت بود همراه

تنها نه فتاد بوفضایل
شد کفّهٔ کاینات مایل

هم برجِ زمانه بی‌قمر شد
هم خصلتِ عشق بی‌پدر شد

حق ساقیِ خویش را فراخواند
بر کامِ زمانه تشنگی ماند

❖ ❖ ❖

در حسرتِ آن کفی که برداشت
از آب و فروفکند و بگذاشت

کف بر لبِ رود و در تکاپوست
هر آبِ رونده در پیِ اوست

هر موج به یادِ آن کف و چنگ
کوبد سرِ خویش را به هر سنگ

چون مهِ شبِ چارده برآید
دریا به گمان فراتر آید

ای بحر! بِهِل خیالِ باطل
این ماه کجا و بوفضایل

گیرم دو سه گام برتر آیی
کو حدِّ حریمِ کبریایی؟!

تهران
تاسوعای ۱۴۰۲ قمری
۱۳۶۱ شمسی

وفای ره‌یاری[1]

کنار علقمه[2] در خاک و آفتاب و عطش
میان سلسلهٔ نخل‌های تاریخی
درون بستر شن، کاشت بازوانش را
و دست‌هایش
ــ که دست‌های زمین بود ــ؛
بار آسمانی داد
درود سبز و شکوفای نخل‌ها، بر او
که دست‌های بلندش
چو آیه‌های «کتاب کریم»
پرمعناست.

اول زمستان ۱۳۵۳

---

۱. تعبیر «ره‌یار» را از بزرگ‌بانوی شعر معاصر تشیع، روان‌شاد طاهرهٔ صفارزاده وام دارم.
۲. با یاد شهید بشکوه، عباس بن علی بن ابی‌طالب(ع).

ای زره‌پوشیده از پولاد عشق[1]

ظهر عاشوراست هنگام نماز
خاک داغ و تشنه‌کامی جان‌گذار

موج شن در اوج گرما خفته لَخت
هُرم آتش هر طرف افکنده رخت

دشتِ سربی‌رنگ از لشکر سیاه
غرق در پولاد و در آهن سپاه

پرتو سرنیزه‌ها در آفتاب
چون تلألؤهای پولک‌های آب

شیههٔ بی‌تاب اسبان رو به اوج
یالشان بر تیغ گردن‌ها به موج

---

۱. پنج ویژگی حضرت اباالفضل (ع)، از زبان حضرت امام صادق صلوات الله علیه: «کان عمّنا العبّاس: نافذ البصیره، صلب الایمان، جاهد مع ابی عبدالله، وابلی بلاء حسنا و مضی شهیدا.» عموی ما عبّاس بینشی ژرف داشت. در ایمان استوار و باصلابت بود. همراه امام اباعبدالله (ع) جهاد کرد. و در راه خدا بلا کشید و امتحانی نیکو داد و در راه خدا شهید شد.

کینه‌ها از تیغ و خنجر تیزتر
چشم‌ها از نیزه‌ها خون‌ریزتر

جوشن جهل و جفا پوشیده‌اند
بادۀ نامردمی نوشیده‌اند

کیست آن سو روبه‌روی این سپاه
از چه رو بستند بر وی آب و راه؟

می‌شناسندش مسلمان‌زاده‌اند
خود بدو صد نامه افزون داده‌اند

بود اول پیشوایشان در نماز
کم‌کم از او روی گرداندند باز

❖ ❖ ❖

ننگتان بادا مسلمان نیستید؟
در پی خون ریختن از کیستید؟

ای دریغا، پس مسلمانی کجاست
وای اگر اسلام ما هم ادّعاست

کربلا میزان حقّ و باطل‌ست
خویش سنجد با وی آن کو عاقل‌ست

ای برادر هیچ اندیشیده‌ای
خود در این آیینه هرگز دیده‌ای؟

❖ ❖ ❖

آتش از خورشید بر سر داشت دشت
لحظه‌ها سنگین و غمگین می‌گذشت

یک طرف هفتاد رخشا جان پاک
مهرورزان دَورِ ماهی تابناک

سوی دیگر لشکر خون‌خواره‌ای
پاره‌ای چون دیو و چون دد پاره‌ای

گرگ‌ها، بوزینه‌ها، کفتارها
لاشخورها، مورها و مارها

این به حلق و دلق خود آویخته
آن در آن سو با خدا آمیخته

این، سیه‌دل، خودفریب و خویش‌سوز
آن، زلال و آشنا و دل‌فروز

❖ ❖ ❖

پرسم از خود در کدامین سومنم
در سپاه دوستم یا دشمنم؟!

آن یکی با خویش می‌نالید زار
کز چه دور افتادم از دورانِ یار

کاش من هم زنده بودم روز طف
در کنار زادهٔ شاه نجف

کاش عاشورا کنار آن امام
داشتم سهمی از آن شور و قیام

پیش او از تن سپر می‌ساختم
سر به پای مهر او می‌باختم

باز می‌گفت این سخن، بی‌ریب و شک
دم‌به‌دم: «یا لیتنی کنت معک»

از قضا چون خفت آن شب دید خواب
خویشتن را دید آن شب بی‌نقاب

دید عاشوراست هنگام نماز
آتش جنگ از همه سو تیزتاز

عرصهٔ پیکار ایمان و شرف
با سیه‌کاران بددل هر طرف

اندر آن هنگامه با وی گفت امام
ای فلانی پیش‌تر بگذار گام!

پیش روی من ز تن سدّی بساز
تا که بتوانم به پا دارم نماز

مرد آمد پیش مولا ایستاد
لرزه بر جانش ز ترس و غم فتاد

تیر چون باران پیاپی می‌رسید
لیک مردک پیش آن‌ها می‌خمید

پس ز هر تیری که سر دزدید و دست
راست آمد بر تن مولا نشست

چون هجوم تیرها بسیار شد
ناگهان از خواب خود بیدار شد

شرمسار از «لیتنی کنت معک»
نادرست و روسیَه در این محک

گفت با خود: کار هر کس نیست عشق
خویشتن بین خود چه داند چیست عشق

❖❖❖

عشق با عباس می‌یابد وجود
کربلا، خود عاشق عباس بود

ای زره‌پوشیده از پولاد عشق
دشت را پر کرده از فریاد عشق

عشق هم مفتون و بی‌تاب تو شد
تشنگی هم تشنهٔ آبِ تو شد

ای بلند آسمانی جایگاه
در جوانان بنی‌هاشم چو ماه

ای در آن هنگامه آتشگون شده
وی سوار رفرفی از خون شده

با کدامی باوفاتر، گو به ما
با برادر، خویشتن یا با خدا؟

چهره در خوناب شستن کار توست
تشنه دست از آب شستن کار توست

حوراء تشیّع عقیلهٔ بنی‌هاشم
زینب سلام الله علیها

جان تو گُل‌خانهٔ عشق خداست
جای چنان چون تو زنی کربلاست

دخت علی را نتوان دست بست

ای فلق عصمت و خورشید شرم
ای دل خورشید ز روی تو گرم

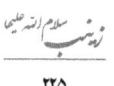

روشنی صبح بدون شبی
حیدر کرّاری اگر زینبی

وام‌گذارِ لب تو راستی
گفتی و چون شعله به پا خاستی

بانگ رسای تو ستم‌سوز شد
کشتهٔ مظلوم تو پیروز شد

خواست که غم دست تو بندد ولی
غم که بُوَد در برِ دخت علی

قامت تو، قامت غم را شکست
دخت علی را نتوان دست بست

❖ ❖ ❖

ای دل دریا، دل دریای تو
عرش خدا منزل و مأوای تو

ای ز تبار شرف و راستی
ای که شرف را ز خود آراستی

دختر خورشید خدا بر زمین
خواهر آزادی و فرزند دین

آنچه تو کردی به صف کربلا
کردهٔ مخلوق و به رنگِ خدا؟

آن همه خون دیدن و چون گل شدن
دشتِ خزان دیدن و بلبل شدن

دیدن خورشید ذبیح از قفا
باز، ستادن چو فلک روی پا

❖ ❖ ❖

جان تو گل‌خانهٔ عشق خداست
جای چنان چون تو زنی کربلاست

افراشته باد قامت غم

مستورهٔ پاک پردهٔ شب!
ای پردهٔ کائنات، زینب

ای جوهر مردی زنانه
مردی ز تو یافت پشتوانه

ای چادر عفت تو لولاک
از شرم تو شرم را جگر چاک

یک دشت شقایق بهشتی
بر سینه ز داغ و درد کِشتی

❖ ❖ ❖

افراشته باد قامت غم
تا قامت زینب است پرچم

از پشت علی حسین دیگر
یا آنکه علی‌ست زیر معجر

چشمان علی‌ست در نگاهش
طوفان خداست ابرِ آهش

در بیشهٔ سرخ غم‌نوردی
سرمشق کمال شیرمردی

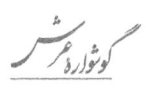

❖ ❖ ❖

آن لحظهٔ داغ پرفروزش
آن لحظهٔ درد و عشق و سوزش

آن لحظهٔ دوری و جدایی
آن «آنِ» ارادهٔ خدایی

چشمان علی ز پشت معجر
افتاد به دیدگان حیدر

خورشید ستاده بود بی‌تاب
وان دیدهٔ ماه غرقهٔ آب

یک بیشه نگاه شیر ماده
افتاد به قامت اراده

این سوی غم ایستاده والا
آن سوی شرف بلندبالا

دریای غم ایستاده بی‌موج
در پیش ستیغ رفعت و اوج

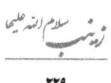

این دشت شکیب و غم‌گساری
آن قلهٔ اوج استواری

این، فاطمه، در علی ستاده
وان حیدر فاطمی‌نژاده

این اشک حجاب دیدگانش
وان حُجب غلام و پاسبانش

شمشیر فراق را زمانه
افکند که بگسلد میانه

خورشید شد و شفق به جا ماند
اندوه سرود هجر برخواند

این ماند که با غمان بسازد
وان رفت که نرد عشق بازد....

تهران - ۱۳۶۲

سفیر سترگ و مظلوم حقیقت

مسلم بن عقیل سلام الله علیه

عقل را در کار مسلم راه نیست
ور بگویم عشق هم، بیراه نیست

عقل را در کار مسلم راه نیست

عشق ای سودای جان سوخته
ای تو آتش‌ها به جان افروخته

چون کنی با پرنیان سینه‌ها
گو چه می‌خواهی میان سینه‌ها

ای میانِ شنگرفِ سیمابی برون
موج ناپیدای دریای درون

هم ز هجران در تب و هم در وصال
هم ز دُردِ آشفته و هم با زلال

هم کویر تفته‌ای هم بیشه‌ای
هم گُلی هم ساقه‌ای هم ریشه‌ای

عشق خونین چهره زیباتر بود
بوسهٔ عشاق بر خنجر بود

یا شقایق باش یا از باغ رو
یا مرو همراه یا با داغ رو

آن که خود لیلای هر مجنون بود
خواستار چهرهٔ گلگون بود

از فلق آموز خونین‌دل شدن
تا توان با صبح هم‌منزل شدن

چون شفق در خون وضو کن سرخ‌فام
تا نمازت پر کشد ز آفاق شام

❖ ❖ ❖

آن شفق پرواز هم دلداده بود
مست از مینای گلگون باده بود

چون سیاوش دل در آتش سوخته
چشم بر سودای آتش دوخته

کار مسلم از سیاووشان جداست
راه حق از راه ترکستان دوتاست

آن به پاکی جان خود درمی‌بَرَد
این به کوی دلبران سر می‌برد

آن یکی سودا به پاکی برنهاد
این یکی سود و زیان با عشق داد

آتش او، جان وی دربرد پاک
وین یک آتش زد ز خون بر جان خاک

این حسینی‌سیرت و حق ماجراست
هدهد پیک سلیمان و سباست

خواست تا او را دهد پرواز باز
گفت با وی از پیام خویش راز:

ما سلیمانیم ما را پاس دار
جز هوای ما، هوا در سر میار

جز به مهر و عشق ما لب وامکن
وانچه کردی بی‌خیال ما مکن

❖ ❖ ❖

پیک مهر و عشق قصد راه کرد
راه را از مهر و عشق آگاه کرد

چون صبا از گل جدا شد لیک ازو
ماند در جانش هزاران رنگ و بو

❖ ❖ ❖

عقل را در کار مسلم راه نیست
ور بگویم عشق هم، بیراه نیست

کُشتهٔ این راه، مقتول خداست
این چنین خون را خدا خود خون‌بهاست

دوشنبه ۱۳۶۴/۶/۴
۹ ذی‌حجه ۱۴۰۵

حضرت سیدالساجدین
زین‌العابدین، ذوالثفنات
علی بن الحسین صلوات الله علیه

نام: علی، فرزند حسین(ع) و شهربانو(یا شاه زنان، دختر یزدگرد ساسانی)
زادروز: ۵ شعبان سال ۳۸ هجرت در مدینه
کنیه: ابو محمد
لقب: زین‌العابدین
همسران: امّ‌عبدالله(فاطمه، دختر امام حسن و مادر امام باقر) و شش امّ‌ولد (که از آنان چهارده فرزند دیگر داشتند.)
شهادت: ۲۵ محرم سال ۹۵ هجری در مدینه
مدت امامت: ۳۴ سال
مدت زندگانی: ۵۶ سال

حضرت سیدالساجدین (ع)

آری، به روز واقعه بیمار بوده‌ای
اما ذخیره بهر دل یار بوده‌ای

با امر حق به فاجعه نزدیک مانده‌ای
دور از نگاه تیرهٔ اغیار بوده‌ای

در آن سبک بدن تب سنگین چه کرده بود
کز آن شبانه‌روز گران‌بار بوده‌ای

ماندی وز آن امامت حق زنده ماند و باز
در هر نفس شهید به تکرار بوده‌ای

در کربلا شگرف‌ترین کار کرده‌ای
در کربلا غریب‌ترین یار بوده‌ای

هم سرخی شهادت خورشید دیده‌ای
هم چون شفق طلیعهٔ خون‌بار بوده‌ای

هم مَحمل شکیبِ رهِ عشق گشته‌ای
هم هودجِ تحمّلِ دشوار بوده‌ای

در کربلا تو آن سخن ناشنیده‌ای
کآویز گوش خلق به اَدوار بوده‌ای

آن روز خور به خیمه رخ خود نهفته بود
خورشید دیگری به دل خیمه خفته بود

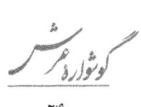

حضرت امام
محمد بن علی الباقر صلوات الله علیه

نام: محمد فرزند علی بن الحسین(ع) و امّ‌عبدالله (فاطمه، دختر امام حسن)
زادروز: ۳ صفر (یا اوّل رجب) سال ۵۷ هجرت در مدینه
کنیه: ابو جعفر
لقب: باقرالعلوم
همسران: امّ‌فروه (دختر قاسم بن محمد بن ابی‌بکر مادر حضرت صادق و عبدالله)، امّ‌حکیم (دختر اسید بن مغیرهٔ ثقفی، مادر ابراهیم و عبیدالله، که این دو کودک پیش از امام وفات یافتند.)، و دو امّ‌ولد (که از آنان سه فرزند دیگر داشتند، با نام‌های علی (شهید اردهال کاشان)، زینب و امّ‌سَلمه)
شهادت: ۷ ذی‌الحجه سال ۱۱۴ هجری در مدینه
مدت امامت: ۱۹ سال
مدت زندگانی: ۵۷ سال

امام پنجم صلوات الله علیه

دلم هوای تو دارد، دلم هوای تو دارد
بهانه‌ها پی دیدار آشنای تو دارد

چو غنچه گرچه فروبسته است کار دل من
امید خویش به دست گره‌گشای تو دارد

کسی به طرف چمن بر وفای گل ننهد دل
تو آن گلی که دلم تکیه بر وفای تو دارد

ز هفت‌بند دلم همچو نی صدای تو خیزد
چه غیر عشق تو خواهد چه جز نوای تو دارد

امام پنجمم ای باقر علوم محمد
رهت نشان ره روشن نیای تو دارد

امید عفو گناهان دلم به روز قیامت
به دستگیری مهر تو از خدای تو دارد

حضرت امام صادق صلوات الله علیه

ز طلیعهٔ نبوّت، ششمین شعاع نوری
تو ز گلشن بلوری، تو امامِ اِنس و جانی

نام: جعفر فرزند محمد و امّ‌فروه (دختر قاسم بن محمّد بن ابی‌بکر)
زادروز: ۱۷ ربیع‌الاوّل سال ۸۳ هجرت در مدینه
کنیه: ابو عبدالله
لقب: صادق
فرزندان: آن حضرت ۱۰ فرزند داشتند که برترین آنها حضرت امام موسی بن جعفر صلوات الله علیه است.
شهادت: ۲۵ شوّال سال ۱۴۸ هجری
مدت امامت: ۳۴ سال
زندگانی: ۶۵ سال

طلوع آسمانی

گله‌ای ندارم از تو، که نصیب دیگرانی
من از این گلایه دارم که تو حال من ندانی

تو و آن نگاه شیرین، من و این امید دیرین
که به پیش من بیایی، که به نزد من بمانی

به نگاه سر برآرم؟ نه، ز شرم رو ندارم
که کنم نگه به رویت، به طلوع آسمانی

ز طلیعهٔ نبوّت، ششمین شعاع نوری
تو ز گلشن بلوری، تو امامِ انس و جانی

تو مرا امام صادق، مَنَت این گدای عاشق
به توام امیدِ واثق، که شفیعِ مهربانی

تو چو مجمع فضائل، به بقیع کرده منزل
به حریم آن فضایل دلِ من به پاسبانی

حضرت امام موسی بن جعفر صلوات الله علیه

... می‌برندش تا به بند آرند
تا به بند بصره و بغداد بسپارند...

نام: موسی فرزند جعفر بن محمد و حمیدۀ بربریّه(امّ ولد بود)
زادروز: شنبه ۷ صفر سال ۱۲۸ هجرت در ابواء بین مکه و مدینه
کنیه: ابوابراهیم و ابوالحسن و ابوعلی
لقب: کاظم، العبدالصالح
فرزندان: آن حضرت ۳۷ فرزند داشتند که برترین آن‌ها حضرت علی بن موسی الرّضا(ع) است.
شهادت: ۶ یا ۲۵ رجب سال ۱۸۳ هجری در زندان سندی بن شاهک در بغداد
مدت امامت: ۳۵ سال
زندگانی: ۵۵ سال

از فراسوی رشتهٔ زنجیر

کاروانی راه می‌پوید
همره این کاروان یک لشکر بیداد
تا به «یثرب» رفته از «بغداد» با فرمان «هارون» دوش
وینک آید باز سوی «بصره» و «بغداد» ...

❖ ❖ ❖

با هَیاهای صدای کاروان‌سالار
هم‌نوا بانگِ جَرَس‌های درازآهنگ
کاروانی در قطارِ اشتران‌ی تا به یک فرسنگ
وز دو سوی کاروان هم‌رنگ،
در دو خط مردانِ تیغ و تیر
بر نشسته تلخ بر اسبان
پی به پی چون دانهٔ زنجیر
چشم‌ها در کاوشِ هر سوی کوه و دشت
دست‌ها بر قبضهٔ شمشیر
«خُود»هاشان در بلورِ آفتابِ بامدادان
یک دو تا زرّین

وان دگرهای دگر سیمین
هر یکی چون گنبدک‌هایی که دارد قُلّه‌های تیز
می‌فِتد بر آن چو بر آیینه
ـ بس که صاف، بس که صیقلی ـ
تصویری از هر چیز
می‌فِتد تصویری از خورشید رخشان نیز

❖ ❖ ❖

این سپه از پیش
وز پی آن هَودَجی¹ بر پشتِ یک استر
وندر آن همگون خورشیدِ پگاهان، یک خُور² دیگر
در غل و زنجیر
می‌برندش تا به بند آرند
تا به بند بصره و بغداد بسپارند
می‌برندش در غل و زنجیر
تا مگر رخسارِ آن مه را بپوشانند با تزویر
تا بپایَد دولت «عبّاسیان» در روزگاران دیر

❖ ❖ ❖

چند پاییدند؟ می‌پرسد ز ما تاریخ
یا چه مدت در جهان آیا به جا ماندند؟
باز می‌پرسم:
چهرِ آن خورشیدِ عالم‌تابِ هفتم را به دستِ جور پوشاندند؟

❖ ❖ ❖

پاسخ آن را دهند آنان که تاریخ جهان را خوب‌تر خواندند.

---

۱. هودج: کجاوه.
۲. خور: خورشید.

کریمهٔ اهل بیت

ای غنچهٔ طهارت و ای نوگل هُدا
ای منبع شرافت و ای چشمهٔ صفا

پاکی به پیش نوگل روی تو منفعل
عصمت ز شرم چهرهٔ پاک تو در حیا

ای دختر نجابت و ای خواهر شرف
ای زادهٔ کتاب در آیات هل اتی

ای خاندان عقل تو را کمترین رهی
وی دودمان عشق تو را مهترین گدا

در دین من کسی که بود دختر امام
آیینه جمال نمایست از خدا

شأن تو را همین سه سخن بس که گفته‌اند
معصومه‌ای و فاطمه و خواهر رضا[٤]

حضرت امام علی بن موسی الرضا صلوات الله علیه

ای مه که آفتاب جهان سایه‌سار توست
ای هشتمین امام، چه دوریم از تو آه!

نام: علی فرزند موسی بن جعفر و نجمه (امّ ولد بود)
زادروز: ۱۱ ذی‌قعده سال ۱۴۸ هجرت در مدینه
کنیه: ابوالحسن
لقب: رضا
فرزندان: آن حضرت یک فرزند داشتند که حضرت محمد بن علی (جواد) است که هنگام شهادت پدر، هفت سال و چند ماه داشتند.
شهادت: آخر ماه صفر سال ۲۰۳ هجری در توس با انگور مأمون مسموم شدند.
مدت امامت: ۲۰ سال
زندگانی: ۵۵ سال

سپیدهٔ هشتم[1]

درود بر تو
ای هشتمین سپیده
ـ اگر از سایه‌ساران درود می‌پذیری ـ
باران نیز به اِزای تو پاک نیست
و بر ما درود
اگر فاصلهٔ خویشتن تا تو را،
تنها بتوانیم دید
ای آفتاب
ما آن سوی ذرّه مانده‌ایم!

❖ ❖ ❖

من آن پرندهٔ مهاجرم
که هزار سال پریده است
اما هنوز،
سواد گنبدت
پیدا نیست
نیرویی دیگر در پرم نه!

---

۱. امام ابوالحسن علی بن موسی الرضا، علیه آلاف التحیه و الثناء.

و مگر در سینه،
عشق می‌افروخت
که چراغ مهر تو
روشن ماند

❖❖❖

رشته‌ای از فرش حَرَمت
زنجیر گردن عاشقان است
و سلسلهٔ وحدت
و خطی که دل‌ها را به هم می‌پیوندد
پولاد و نقرهٔ ضریحت
قفسی‌ست
که ما
یارایی خود را
در آن به دام انداخته‌ایم
تو، سرپوش نمی‌پذیری
طلای گنبدت
روی زردی ماست
از ناتوانی ادراکمان
که بر چهره داریم

❖❖❖

تو مرکز وفوری
کشت‌های ما از تو سبز
پستان‌های ما از تو پر شیر
و گنبد تو

تنها و آخرین آشتی ما
با زر

❖ ❖ ❖

شتر از مسلخ
به پولادِ ضریحِ تو می‌گریزد
پولادِ تو
پیوند جماد و نبات و حیوان
و بخشش تو،
اعطای پاک‌ترین بندهٔ خدای سبحان است؛
وقتی تو می‌بخشی
دست مرّیخ نیز
به سوی سقّاخانه‌ات
دراز است

ناهید و کیوان و پروین،
صف در صف
در کنار من و آن مرد روستا،
در مهمان‌خانهٔ تو
کاسه در دست
به نوبت آش
ایستاده‌ایم

❖ ❖ ❖

کاش «ایستاده» باشیم!
تو ایستاده زیستی
شهادت

تو را ایستاده، درود گفت
و اینک جایی که تو خوابیده‌ای
کاینات به احترام ایستاده است

❖ ❖ ❖

من با اشک و عشق می‌نویسم
شعر من چون مور
بر کاغذ راه افتاده است
سلیمان‌وار
به نیم‌نگاهی بر من درنگ کن!

❖ ❖ ❖

تو امامی!
هستی با تو قیام می‌کند
درختان به تو اقتدا می‌کنند
کائنات به نماز تو ایستاده
و مهربانی
تکبیرگوی توست
عشق
به نماز تو
قامت بسته است
و در این نماز،
آن که ماموم تو نیست،
«مامون» است!

❖ ❖ ❖

تاریخ چون به تو می‌رسد

طواف می‌کند
عرفان در ایستگاه حرمت
پیاده می‌شود
و کلمه
چون به تو می‌رسد
به دربانی درگاهت
به پاسداری می‌ایستد!
شعر من نیز
که هزار سال راه پیموده
هنوز،
بیرونِ بارگاه تو مانده است.

زمستان ۱۳۵۸

عاشقان را کو پناهی غیر توس

ای دل من آتشین آهی برآر
تا بسوزی دامن این روزگار

روزگار مردمی‌ها سوخته
چهرهٔ نامردمی افروخته

کینه‌ها در سینه‌ها انباشته
پرچم رنگ و ریا افراشته

دشت سبز اما ز خار و کاکتوس
وز تبر شد هیمه عود و آبنوس

آب دریا تن به موج کف سپرد
موج دریا اوج را از یاد برد

جان به لب شد از ریاکاری شرف
خوب بودن مرد و بودن شد هدف

آب هم آیینه را گم کرده است
سنگ در دل‌ها تراکم کرده است

تیرگی انبوه شد پشت سحر
صبح در آفاق شب شد دربه‌در

تا ریا با نام دین سوگند خورد
عشق نام خویش را از یاد برد

این صدای پاک هم خاموش شد
این قلندر باز شولاپوش شد

ارغوان روی او کم‌رنگ شد
پرنیانش، هم‌نشین سنگ شد

خاک را از خار و خس انباشتند
یاس را در کرت شبدر کاشتند

نامرادی را دوا در کار نیست
مهردارو در دل بازار نیست

گر دلی مجروح گردد از جفا
نیست گلخندی که تا یابد شفا

در دل این روزگار پرفسوس
عاشقان را کو پناهی غیر توس

❖ ❖ ❖

ای شفابخش دل بیمار ما
چاره‌ای کن با نگه در کار ما

خیل صیادان که در هر پشته‌اند
آهوان دشت‌ها را کشته‌اند

تا نهد دل در رهت پا در رکاب
اشک پیش افتاد و خود را زد به آب

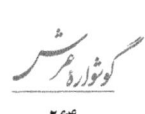

گرگ و آهو

سلام می‌کنم و پیش می‌روم سویش
پی نماز به محراب هر دو ابرویش

هزار چشم ز آفاق آسمان تا خاک
به سوی اوست به سودای دیدن رویش

یکی ز منتظران ماه عالم‌آرا بود
که شرم داشت ز خورشید چهر دل‌جویش

ز آسمان و زمین صد هزار دست امید
دراز گشت که شاید رسد به مشکویش

ز عرش و فرش به دل‌های پاک می‌نگرم
که گشته‌اند پریشان تاب گیسویش

ز شرم دست تهیّ و دل گنه‌کارم
ستاده‌ام به کناری چو گرگ در کویش

سلام می‌کنم و پیش می‌روم، آیا
شود که ضامن این گرگ گردد آهویش

عصر جمعه ۱۳۸۷/۲/۲۰

حضرت امام محمد تقی
جواد الائمہ صلوات اللہ علیہ

نام: محمد فرزند علی و تُکتُم (امّ ولد)
کنیه: ابوجعفر
لقب: جواد، تقی
زادروز: ۱۵ رجب (یا ۱۷ رمضان) سال ۱۹۵ هجری در مدینه
همسر: امّ‌فضل (دختر مأمون که از او فرزندی نداشتند)، سَمانۀ مغربیّه (امّ ولد بود)
فرزند: ۸ فرزند (چهار پسر و چهار دختر): حضرت ابوالحسن امام علیّ النّقی(هادی)، ابواحمد موسی مبرقع، ابواحمد حسین، ابوموسی عمران، فاطمه، خدیجه، امّ‌کلثوم، حکیمه
شهادت: آخر ذی‌قعدۀ سال ۲۲۰ هجری در بغداد
امامت: ۱۷ سال
زندگانی: ۲۵ سال

علم لدنّی

مجلسی علمی بیارایید!
گفت با درباریان، مأمون
هر چه دانشمند از هر جا که بتوانید گِرد آرید!
وان گه او (یعنی امام شیعیان، اِبنُ الرِّضا)
آن کودک نُه ساله را
در صدر آن مجلس فرا دارید!
پرسشی فقهی از او دانشوری پرسد که درمانَد
کودکی از دانش فقهی چه می‌داند؟!
من یقین دارم که نتوانَد
او میان جمع از پاسخ فرومانَد!

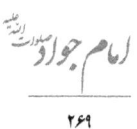

❖ ❖ ❖

مجلس از دانشوران پُر بود
هر کسی بنشسته بود آنجا که او را نیک درخور بود
در کنار تخت مأمون جایگاه برترین دانشور دینی
در دگر سو جای آن خورشید کوچک، جای آن کودک

سوی آن گر اندکی گردن بیفرازی
چهره‌اش را نیز می‌بینی

❖ ❖ ❖

چهره‌ای رخشنده و روشن
در نگاهش موجی آرام است و پر ژرفاست
گویی آن چشمان او دریاست
پرتو مهتابی و کم‌رنگِ یک لبخند
در نگاه و در تبسّم، چشم و لب را می‌دهد پیوند!
کوچک است اما
صولتِ نوباوگان شیرها با اوست
کودک است اما
قدرت اندیشگی چون پیرها با اوست

❖ ❖ ❖

چون اشارت کرد مأمون،
کرد آغاز سخن دانشور برتر
پیری از هفتاد افزون‌تر
شاید اندک بیش، اندک کم
نامِ او یحیای بنِ اَکثَم:
رخصتی ده تا بپرسم از توای فرزند پیغمبر
پرسشی در نزد این مردان دانشور
آن امام راستان فرمود:
ـ آنچه خواهی پرس!
گفت مرد آیا اگر کس در حرم تیری
بر شکاری بفکند وز پایش اندازد

هیچ او را هست تدبیری؟
آن امام پاک‌جان پرسید:
او مُحِل بوده‌ست یا مُحرِم١
اهل دانش بوده یا نادان
تیر را عمداً فکنده یا خطا کرده‌ست
روز بوده یا به شب کاین کار را کرده‌ست
آنچه را او کشت،
بچّه حیوان بود یا حیوان کامل بود؟
آن که صید افکند، کودک بود یا انسان عاقل بود؟
نیز آیا او بُوَد بنده؟
یا که آزاد است و خادم نیست؟
او ز کار خود پشیمان است؟
یا که نادم نیست؟
کار او صید است؟
یا شکارش از سَرِ شوق و تفنّن بود؟
وانچه کرد آیا به احرامِ خود، اندر عمره یا حجّ تمتع بود؟
هر یک از این‌ها که پرسیدم - حدود بیست -
در سؤالت نیست!
گر به واقع حکم حق را از سؤالِ خویش می‌جویی،
خود بگو با من، میانِ این همه، آیا سؤالت چیست؟
تا بگویم پاسخت را درخورِ هر یک که می‌گویی!

❖ ❖ ❖

بُهتِ بی‌فرجامِ آن پرسنده و مأمون و مجلس را

---

١. به کسی که برای انجام اعمال حج یا عُمره، لباس سفید احرام بپوشد مُحرِم و کسی که آن را به تن ندارد مُحِل می‌گویند.

بعد از این گفتار می‌دانی
من چه گویم آنچه را خود زین روایت بازمی‌خوانی

حضرت امام هادی صلوات الله علیه

هـادیِ خلـق خدایی، رهبر دیـن و دلی
کی به از مهر تو دل را هست صاحب‌منزلی

نام: علی فرزند محمّد و سمانه (که امّ ولد بود)
کنیه: ابوالحسن
لقب: هادی، نقی
زادروز: پانزدهم ذالحجّه سال ۲۱۳ هجری در روستایی به نام «صَریا» نزدیک مدینه
همسر: حدیثه (امّ ولد بود)
فرزند: پنج فرزند داشت که برترین آنان حضرت امام حسن عسکری علیه‌السلام بود، چهار فرزند دیگر حسین، محمد، عایشه و جعفر (کذّاب)
شهادت: سوم رجب سال ۲۵۴ هجری در سامرّا
مدت امامت: ۳۳ سال
زندگانی: ۴۱ سال

سر ز سامرّا برآور...

سر ز سامرّا برآور ای امام پاکِ من
ای تو را علمِ علی در سینه، چون جان در بدن

ای تو هم‌نامِ امامِ راستان یعنی علی
ای بدو هم‌گونه اندر کُنیه یعنی بوالحسن

ای نقیّ و هادی، ای ما را به آیین رَه‌گُشا
در ظُلامِ این شبِ دیجور و دهرِ پُرفِتَن

سر ز سامرّا برآور تا ببینی روزِ ما
در دلِ این روزگار روسیه‌تر از لجن

شیعیان را بی‌محابا می‌کشند از بحر و بر
زادهٔ وهّابیان اندر عراق و در یمن

نوکر بی‌مزد آمریکا زند لاف از فریب
کآنچه او می‌فهمد از اسلام، آن باشد حسن

گلشن دین عرصهٔ زاغان بی‌مقدار شد
آری، ار بلبل رود از باغ، بازآید زغن

سر ز سامرّا برآر و بر خر خودْشان نشان
این سگان ناصبی را، کافرانِ بی‌وطن

یا بگو فرزند تو مهدی کند پا در رکاب
وین خران سگ‌صفت را سر درآرد در رسن

مرقد پاک تو را گیرم به فن[1] برداشتند
«هل اتی»[2] را چون توان برداشت از قرآن به فن

«هل اتی» آیا نه در شأن شما نازل شده‌ست
پس چه می‌گویند این شَومان شرِّ شوخگن[3]

❖ ❖ ❖

سر ز سامرّا برآر و با نهیبی هاشمی
پاک کن از کارگاهِ دین، گروه کارتَن[4]

---

۱. فن: مکر، فریب.
۲. اشاره به آیاتی که دربارهٔ اهل بیت در قرآن آمده است.
۳. شوخگن: (به فتح و کسر گاف): پلید.
۴. کارتن: جولاهه، نسّاج، عنکبوت.

حضرت امام حسن عسکری صلوات الله علیه

اگر خواهی از زُهره بربگذری
بزن چنگ بر دامن عسکری

نام: حسن فرزند علی
کنیه: ابا محمد
لقب: عسکری
زادروز: هشتم ربیع‌الآخر سال ۲۳۲ هجری در مدینه
همسر: نرگس
فرزند: حضرت مهدی(عج)
شهادت: جمعه ۸ ربیع‌الاول سال ۲۶۰ هجری در سامرّا
مدت امامت: ۶ سال
زندگانی: ۲۸ سال

بهاری در خزان[1]

درخشید بار دگر آفتاب
رمید از دو چشمِ گل، آهوی خواب

چمن بر دمن خیمه زد سبزگون
به چهرِ گل و لاله افتاد خون

به دامانِ کُهسار از خاک و سنگ
بروییـد صد بوتهٔ رنگ‌رنگ

❖ ❖ ❖

مگر نیست باری که بس سال‌هاست
که ما را بهاری نه دیگر به جاست؟

چرا پس دلم غصه از یاد برد
دل امشب چرا تن به شادی سپرد؟

❖ ❖ ❖

---
۱. به یادبود میلاد خجستهٔ پیشوای یازدهم.

یکی گفت: کاین شور دشت و دمن
چنین شد مهیّا که آمد «حسن»

زمین جگرخسته آرام یافت
زمانه ز میلاد او کام یافت

نهال امامت چو پُربار شد
دگرباره تاریخ تکرار شد

چنان چون حسن از پی بوالحسن
علی را ز پی بازآمد حسن

به رای بلندش دو عالم به جاست
که فرمان او عین حکم خداست

❖ ❖ ❖

امام من، ای پور پاکان راد!
کنونم یکی شکوه آمد به یاد

نکردیم با ننگِ خواری درنگ
به ناخن شکستیم پولاد و سنگ

دگرباره از پا نمانیم نیز
همه عمر خواهیم کردن ستیز

ولی خسته‌جانیم و اندک نفس
نداریم همراه بسیار کس

بگو با برومند فرزند خویش
که ای دست یزدان، بنه پای پیش

عزیزا! دگر تا چه حد صبر و تاب
برآ و بتاب ای بلندآفتاب

نبینی که چهر زمین مسخ شد
همه عهد و آیین ما فسخ شد؟

❖ ❖ ❖

بیا، دوستا، غم فراموش کن
یک امشب به بانگ طرب گوش کن

ز خمّ ولایت می ناب گیر
از این بحر اگر تشنه‌ای آب گیر

بنوش و بنوشان و منشین خموش
چنان مست شو تا برندت به دوش

بنوش و دمی چشم دل باز کن!
ز بند تن خویش پرواز کن!

اگر خواهی از زهره بر بگذری
بزن چنگ بر دامن عسکری

تیر ۱۳۵۲

حضرت اباصالح المهدی صلوات الله علیه
ارواح العالمین لتراب مقدمه الفداء

گیرم او پرده را زند یک سو
دیدهٔ دیدن رخ او کو؟

نام: محمد فرزند حسن بن علی و نرگس
زادروز: شبِ پانزدهم شعبان سال ۲۵۵ هجری در سامرّا
کنیه: اباصالح
لقب: مهدی

خورشیدِ پنهان[1]

رخشنده خندهٔ سحر از شرق شد پدید
رنگ سیاه شب ز رخ آسمان پرید

وان تیره اخم‌های شب از چهرهٔ زمین
با بوسه‌های سرخ فلق گشت ناپدید

تا خیمه‌های تیرهٔ شب را برافکند
وانگه به پا کند به افق چادر سپید؛

از دامن خیام سحر دست‌های صبح
گُل میخ‌های کوکب سیمینه می‌کشید

---

[1]. این چکامه را در جشنی بسیار باشکوه خواندم که دانشجویان مسلمان در مقابل بلکه در مقابله با جشن تاج‌گذاری شاه، برای میلاد حضرت بقیةالله ارواحنا فداه، به همت روان‌شاد شریف واقفی، در دانشگاهی که بعدها به نام وی نامیده شد، برگزار کرده بودند. استاد شهید، آیت‌الله مطهری، نیز در آن جشن سخنرانی را به عهده داشتند.

وانگه سپیدرشته‌ای از سیم‌گونه صبح
زین سوی تا به سوی دگر در افق رسید

گویی که از نیام یکی تیغ صیقلی
آمد برون و پردهٔ شام سیه درید

❖ ❖ ❖

اینک خور از ره آمد و در دشت خاوران
زرّین‌سپاه پرتو خود برپراکنید

تا چشم‌زخم کس نرساند بدو زیان
هر جا خور، این عروس دل‌افروز، می‌چمید

ابر سیاه دود ز اسپند می‌گرفت
وز پیش‌پیش در ره او تند می‌دوید

از سوی تابناک افق می‌شتافت پیش
یک خیمه ابر پاک فروهشتهٔ سپید

چونان که موج‌های کف‌آلودهٔ بلند
از دوردست سینهٔ دریا شود پدید

❖ ❖ ❖

نک، خور به جایگاه بلند خود ایستاد
وانگه به بال نور به هر سوی پَر کشید

هم در کنارِ لالهٔ وحشی گُزید جای
هم سویِ سوسن و سمنِ بوستان چمید

یک بوسه داد و جان و تن شبنمی ستد
بوسی گرفت و خون به رخِ سرخ گل دوید

وان گاه تا به دیدهٔ «نرگس» نگاه کرد
برقی ز التهاب شگرفی در آن بدید

وین برق التهاب به چشمان پاک او
دانست کز شکفتن یک غنچه شد پدید

همراه بوسه‌های زرِ آفتاب صبح
در بوستان «سامره» این غنچه بشکفید

یک لحظه در سراسر گیتی ز مولدش
هر سنگ و چوب دل شد و از شوق برتپید

یک لمحه جان خستهٔ این روزگار پیر
در بستر زمانه، بدین مژده آرمید

آزادگی سرود که شد مهدی آشکار
نک بندهای بردگی زور بگسلید!

آمد غریو عدل که اینک من آمدم
وین نغمه تا به کاخ ستم‌پیشگان رسید

لبخند کبر و ناز ستم‌بارگان ز بیم
چون جغد از خرابهٔ لب‌هایشان پرید

بر خاربوته‌های دل هر ستمگری
آن غنچه‌های تلخ ستم نیز پژمرید

بشکفت چون شکوفه که در بوستان دمد
در شوره‌زارِ جانِ ستم‌دیدگان امید

❖ ❖ ❖

باز آی ای چو بوی گل از دیده‌ها نهان
کز رنجِ انتظار تو پشت فلک خمید

بازآ که دیده در همه نامردم جهان
دیری‌ست تا که رادی و آزادگی ندید

هر نغمه‌ای که خاست فرومُرد در گلو
زان پیش‌تر هنوز که یارد کند نشید

❖ ❖ ❖

توفنده خشم خلق به دل‌ها چو موج بحر
لرزنده جسم دهر ز بیداد همچو بید

رحمی تو ای طبیب دلِ دردمندِ دهر
راهی که دیگر از همه سو بسته شد امید

❖ ❖ ❖

بس کرد «موسوی» و فروخورد گفته را
کاین رشته شد دراز و نیارست برتنید

تهران
۱۵ شعبان ۱۳۸۷
آبان ۱۳۴۶

گیرم او پرده را زند یک سو[1]

گیرم او پرده را زند یک سو
دیدهٔ دیدن رخ او کو؟

مهر را جای در گریبان نیست
مور، هم‌خانهٔ سلیمان نیست

همه جا پر ز عطر آن گل بوست
عشق در انتظار دیدن اوست

با که گویم ازین سیه‌رویی
نیست در جان ما از او بویی

اوست پا در رکاب امر خدا
چه برآید ز دست کوته ما

---
[1]. برای حضرت بقیةالله، ارواحنا فداه.

این حجابی که پیش دیدهٔ ماست
معنی غیبت و ظهور اینجاست

او ز خورشید آشکارتر است
چشم ما در ظهور بی‌اثر است

آن که در انتظار اوست جهان
کی ز چشم حقیقت است نهان

گر چو شبکور مانده‌ایم به خواب
چه فشاند به چشم ما مهتاب

❖ ❖ ❖

ای ظهور تو چون خدا پیدا
خویشتن را به چشم ما بنما

تو بازآ[1]

سیه‌تر از شب دیجور ما نیست
به جز مهر رخت خورشید ما کیست؟

الا ای آفتاب آشنایی
چنین در پشت ابر غم چه پایی؟

بنه پا در رکاب مهربانی
بتاز اسب ای امید آسمانی

نبینی شورمان در سینه افسرد؟
گل امید هم در باغ دل مرد؟

ز باغ انتظارَت نسترن رفت
خزان شد، لالهٔ خونین‌کفن رفت

---

[1]. عجل الله تعالی فرجه الشریف.

ز بستان غیر خارستان به جا نیست
خدا داند که این بر گل روا نیست

الا ای باغبان آسمانی
نگه کن سوی بستان چون توانی

نبینی خار در چشم گل افتاد
نبینی عصمت گل رفت بر باد

زلال چشمه‌های نور خورشید
سحر هم جامه‌های تیره پوشید

قدم رفتار را از یاد برده
تن استاده‌ست اما دیر مرده

ز جسم خفته کی تابی برآید
ز چاه مرده کی آبی برآید

دگر تا سوختن گیرد دلی نیست
برای ساختن آب و گلی نیست

شب است و شب سیاهی و سیاهی
غم و غم، بی‌پناهی، بی‌پناهی

ریا برگرد دل‌ها بسته پرچین
به ژرف چشم‌ها بیزاری و کین

نهال مردمی از بیخ چیده
شرف در کنج غم عزلت گزیده

چراغ راستی هم بی‌فروغ است
چراغی نیست خود این هم دروغ است

فروغ ایزدی خاموش مانده
ز خوبی گفته‌ای در گوش مانده

دلی از غم در این دنیا جدا نیست
جهان با چهر لبخند آشنا نیست

جهان دیری‌ست تا مرده‌ست باری
نظر از دیر ماندن گو چه داری؟

تو بازآ، تا دگر جان بازآید
خدا برگردد انسان بازآید

بکش تیغ و سَر غم را جدا کن
بیا وین کار را بهر خدا کن

بیا از دین حق رنگ و ریا بر
فروافتاده دین را تا خدا بر

بیا تزویر را بی‌آبرو کن
چراغی گیر و دین را جست‌وجو کن

بیا وان خنجر ابروی برکش
کژی را خنجر کین در جگر کش

خوشا آن سر که در پای تو افتد
به پیش سرو بالای تو افتد

تو بازآ هر چه خواهی خود همان کن
مرا آوارهٔ آخر زمان کن

اگر جرم است صبر و دوست‌داری
مرا اول بکش گر دوست داری

پاییز ۱۳۵۶

گل باغ وجود

گل در بهاران می‌رسد، گل با بهاران می‌رسد
باغ مرا بار دگر، خورشید و باران می‌رسد

تابان فروغِ «می» شود، دور خماری طی شود
وز خمِّ این می ساغری، با هوشیاران می‌رسد

چون لاله گر کوته بوَد دست تمنای وصال
اما بُلندای نظر تا قلّه‌ساران می‌رسد

مرغ غریب عشق ما، چندی به حسرت ناله زد
آنک هَوای شیر او، از بیشه‌زاران می‌رسد

❖❖❖

پرسید پیر شهر کو؟ یعنی امیر دهر کو؟
خورشید عالم‌گیر کی از کوهساران می‌رسد؟

گفت او گلِ باغِ خداست او از زمستان‌ها جداست؟
گل در بهاران می‌رسد، گل با بهاران می‌رسد

۱۳۶۱/۱/۲۶

انتظار

پریش و خسته
با انگشتانی پشتیبانِ ابرو
و نگاهی به دوردست
بر دهانهٔ غاری ایستاده‌ام

❖ ❖ ❖

ره گم‌کرده‌ای در ظلمات
کز نُه توی راهی هزارلا رفته
و به هوای آفتاب بازآمده
خمیده چون زبانهٔ لهیب بر لب نسیم
تهی، ـ چون تنهٔ سپیداری پیر،
در بارِ عام موریانه‌ها ـ
و با هزار دست خالی چون خارگَوَن

❖ ❖ ❖

بر دهانهٔ این غار تاریک ایستاده‌ام
با انگشتانی پشتیبانِ ابرو
تا آن آفتاب کی برآید.

۱۳۶۰

شیخ الشیوخ سلسله عشق و معرفت
محمد بن محمد بن نعمان (شیخ مفید)

صدای سبز[1]

اول اریبهشت، آنک دو روزی دیگر است
روی گل از جوش مستی چون لهیب آذر است

گل تواند بود هر فصلی اگر در بوستان
لیک آن را در بهاران رنگ و بویی دیگر است

نی همین روی زمین پوشیده از یاسِ بنفش
سینهٔ هر برکه هم پوشیده از نیلوفر است

هر گل از شبنم به کف آیینه‌ای دارد پگاه
کز پی دیدارِ رُخسارِ عروسِ خاور است

پرده‌ای از پرنیانِ زرنگار است آبشار
تارش از خورشیدِ زرّین، پودش از سیمِ تر است

---
[1]. چکامه‌ای در بزرگداشت شیخ‌الشّیوخ محمدبن محمدبن نعمان، معروف به شیخ مفید، به مناسبت برگزاری کنگرهٔ هزارهٔ وفات او، قم ۲۸ تا ۳۰ فروردین ۱۳۷۴.

گیسوان بید افشان است روی برکه‌ها
برکه‌ها آیینهٔ آن گیسوان عنبر است

در میان شاخ و برگ سبز و انبوه تمشک
آشیان سیره‌ای¹ یا مرغکی سیمین‌پر است

سبز در سبز است کوه و دشت و هامون را قبا
سنگ را هم از خزه، نازک‌قبایی در بر است

چون صدای رعد پیچد در بهارِ کوهسار
سبز بیند چشمِ آن را گرچه دور از باور است

جویبار آیینهٔ جاری میان باغسار
وین شگرف آیینه را بین زیر لب خنیاگر² است

بازی نوباوگان شیرمستِ برّه‌ها
دشت را انبارد از حسّی که شادی‌آور است

تا چه دارد این نسیمِ نوبهاری در نفس
کاین جهانِ مرده را چون جان درون پیکر است

بازگفتم خرّمی‌های بهاران را به دوست
تا دهد پندی مرا زان لب که تَنگ شَکّر³ است

---
۱. سیره (= سهره): پرنده‌ای کوچک و خوش‌آوا.
۲. خُنیاگر: آوازخوان، سرودگوی، نوازنده.
۳. تَنگ در لغت به معنی «بار» هم آمده است. بنابراین، تَنگ شکر، یعنی بارِ شکر و کنایه

گفت: کاخ نوبهاران گر چه بس زیبا بُود
ای دریغا کآخر و انجام بی بام و در است

هر گل اردیبهشتی پژمُرَد فردا به دی
هر مَهِ آذار را در پی خزان آذر است

این چنار راست‌قامت را که بینی در بهار
دی چنان خم گردد از طوفان که گویی چنبر است

آبشار از سورتِ[1] سرما به جا ماند خموش
واژگون اِستَد که قندیل یخ از پا تا سر است

آشیان سیره بر هم ریزد از طوفان و باد
مرغک بی‌آشیان آوارهٔ جوی و جَر[2] است

نی دگر روی زمین پوشیده از یاس بنفش
نی ز نیلوفر اثر، نز پونه و نی گُلپر است

گر صدای رعد پیچد در میان کوهسار
نعرهٔ دیو است گویی یا هَرای[3] اژدر است

از شیرین‌دهانی است. اما به سبب معنی مشهورترِ تنگ، ایهام به تنگی دهان نیز دارد.
۱. سَورَت: حدّت و شدّت و تیزی هر چیزی.
۲. جَر: شکاف در زمین، نهر برای کشیدن زهاب.
۳. هَرّا: آواز مهیب چون صدای وحوش. در شعر گاه به تخفیف (= هَرا) آورند. هُرا نیز تلفظ می‌شود.

خرّما آن نوبهارانی که در آن هر گلی
جاودان شاداب ماند گر سمن یا عَبهَر است

فرّخا آن بوستانی کاندر آن باد خزان
ره نبندد بر گلی، گر یاس یا سوسنبر است

گفتم او را تا کدام است آن بهاران کاین چنین
در امانِ از سورتِ سرما و بادِ صَرصَر[1] است

گفت آن بستانِ جاوید و بهارِ بی‌خزان
باغ علم است و بهارِ درس و برگِ دفتر است

یک اشارت هم مرا اکنون به یاد آمد خطیر
جایگاهِ یادکردِ آن اشارت ایدر[2] است

آن چنان کاندر جهان، باغی نَبتوان یافت سبز
کآن نه محصولِ تلاش و کوششِ برزیگر است

باغ و راغِ علم و دانش نیز چون بینی درست
سبز و آباد، از تلاشِ سبزِ هر دانشور است

گرچه دانشمند می‌یابد ز دانش زیب و فر
زیبِ دانش هم ز دانشور چو زر از زرگر است

---

۱. صَرصَر: باد سخت و سرد.
۲. ایدر: این‌جا.

تیغ، جوهر گیرد از سرپنجهٔ جنگ‌آوران
ورنه آهن‌پاره‌ای در دکّهٔ آهنگر است

رخش با مهمیز[1] رستم، رخشِ رستم می‌شود
ورنه اکنون هم سمنگان[2] پُر ز اسب و استر است

رخشِ دانش هم سواری فحل خواهد رستمی
این هَیون[3] توسن بود هرچند نیکوگوهر است

مردِ تقوا می‌تواند شد بر این توسن سوار
علم، بی‌تقوا سِتَروَن، علم، بی‌دین، ابتر است

رستم این هر دو میدان گر همی جویی ز من
گویمَت نام کسی را کو یلی گُندآور[4] است

مردِ مردانِ علومِ دینِ حق، شیخ مفید
کو به میدانِ فضیلت یک تن و صد لشکر است

عرصه‌های دین و ایمان را یگانه پیشتاز
بیشه‌های علم و عرفان را همان شیر نر است

---

۱. مهمیز: اسب‌انگیز، آهنی بر پاشنهٔ چکمهٔ سوارکاران که بدان اسب را برانگیزند.
۲. سمنگان: شهری به خراسان (بزرگ). مادر سهراب، پسر رستم، دختر شهریار آن شهر بوده. چنان‌که مشهور است، رستم روزی در آن حدود به تنهایی به شکار رفته بود و چون بخفت، رخش او به دست مردم آن شهر افتاد و وی، به طلب اسب، بدان شهر رفت و ... اسب خویش بستاند و با دختر شاه سمنگان، ازدواج کرد و سهراب از وی پدید آمد. لغت‌نامهٔ دهخدا.
۳. هِیون: اسب، شتر.
۴. گندآور: سلحشور، جنگاور.

عالِم کامل، امام عالمانِ متّقی
کمترین وصفش فقیه اهل بیت اطهر است

همچو سیمرغ افق‌پرواز، در آفاق علم
قاف تا قافش معانی زیر بال و شهپر است

فخر او را بس که گوید «حجّت حق» در ثناش
شیخ، ما را محرم راز است و ما را یاور است[1]

داعی حق، رهنمای حق و یار حق بُود[2]
کاین فرازین رتبه او را نزدِ پورِ حیدر است

آن امام حیِّ غایب، مهدیِ آلِ علی
کآفرینش را نظر بر چهرِ آن مه منظر است

لختی اکنون رو بگردانم سخن را سوی او
آن که داغ هجرِ او، در دل، چو زخم خنجر است

---

[1]. در نامه‌ای از حضرت مهدی، صلوات الله علیه، به شیخ‌الشّیوخ مفید(ره)، آن امام همام او را یاور خود می‌نامد. آغاز نامه چنین است: «هذا کتابنا الیک ایها الاخ الولی و المخلص فی ودّنا الصفی و الناصر لنا الوفی...» در ادامهٔ همین نامه است که او را محرم راز خود خطاب می‌فرمایند. (بحارالانوار، ج ۵۳، ص ۱۷۶) و نیز رجوع فرمایید به مقالهٔ «امام زمان، علیه‌السلام، و شیخ مفید» از سید مهدی شمس‌الدّین، روزنامه اطلاعات، شنبه ۲۱ فروردین ۱۳۷۲، شمارهٔ ۱۹۸۸.

[2]. در نامه‌ای به تاریخ پنجشنبه ۲۳ ذی‌الحجه الحرام ۴۱۲، امام سلام الله علیه، خطاب به شیخ مفید، مرقوم فرموده‌اند: «من عبدالله المرابط فی سبیله الی مُلهم الحقّ و دلیله: بسم الله الرّحمن الرّحیم. سلام علیک ایها النّاصر للحق، الداعی الی کلمهٔ الصّدق...» (احتجاج طبرسی، ج ۲، ص ۴۹۹)

گویمش ای آشنای آشنایانِ جهان
ای علی‌صولت که صد شیخ مفیدت قنبر است

دانمت عشق سیه‌رویی چو من نبود مفید
صد هزارانت به از من خانه‌زاد و چاکر است

لیک من هم در صَفِ عُشّاقِ روت، استاده‌ام
سر برآور تا ببینی چشمِ من هم بر دَر است

روح این مجلس تویی و هر که در این محفل است
عاشق آن درگه است و چاکر آن محضر است

مقصد و مقصود اصلی از مفید و مستفید
چون نکو بینی تویی، گیرم مخاطب دیگر است

شاهدِ «ایاک اعنی واسمعی یا جاره»[1] هم
شورِ گرمارودی و این شعرِ او در دفتر است[2]

---

۱. ایاک اعنی و اسمعی یا جاره، از امثال سائرهٔ عربی است. یعنی تو را قصد کرده‌ام، اما، ای زن، تو گوش کن! تقریبا نظیر این مَثَل فارسی: به در می‌گویم، دیوار بشنود.
۲. زمان سرایش این شعر، ۱۳۷۴ است.

پی‌نگاشت
خط الدّم

نقلها عن الفارسیه
عبداللّطیف الزّبیدی

شعر «خط خون»، که نام یکی از مجموعه‌های شعر آزاد من نیز از آن گرفته شده است، در سال ۱۳۵۹ با کوشش استاد عبداللّطیف الزّبیدی، شاعر و ادیب تونسی (مقیم امارات)، به عربی برگردانده شد و بارها از بخش عربی صدای جمهوری اسلامی ایران، پخش گردید. نظر به رشاقت و شیوایی ترجمه بر آن شدم که آن را در اینجا، پس از اعراب‌گذاری، بیاورم تا هم برای دانشجویان رشتهٔ زبان و ادبیات عرب نمونهٔ روشن و شیوایی باشد و هم به گونه‌ای سپاس از استاد عبداللّطیف الزّبیدی.

اُحِبُّ الأَشجارَ
لِأَنَّها قامَت اِحتراماً لَک.
وَالماءَ
لِأَنَّهُ صَداقُ أُمِّک
دَمُکَ خَضَّبَ الشَّرَف
الشَّفقِ، مِرآةُ نُبلِک
وَالفَلَق: اَلمِحرابُ الَّذی
أَقَمتَ فیهِ صَلاةَ صُبحِ الشَّهادة.

❖❖❖

أُفَكِّرُ فى تِلكَ الحُفرَة
الَّتى امتَصَّت دَمَك
لَم أَرَ قَطُّ حُفرَةً كَهَذِه سامِية
فِى الحَضيضِ اِيضاً يستَطيعُ المَرءُ أَن يكونَ عَزيزا
سَلِ الحُفرَة!

❖ ❖ ❖

اَلسَّيفُ الَّذى هَوى عَلى عُنُقِك
أَحالَ كُلَّ شىءٍ وَ كُلَّ ما فى الكائِنات
الى قِطعَتَين:
كُلُّ ما كانَ فى اتِّجاهِكَ، غَدا حُسينِيّا
وَ الاتِّجاهُ الآخَرُ، يَزيدِيّا.
ها نَحنُ وَ الحِجارَة
نَحنُ وَ المياه
اَلاَشجار، اَلجِبال، اَلانهار، اَلآجام
اَلَّتى بَعضُها يزيدى
وَ إلَّا فَهى حُسَينِيَّة.
اَلدَّمُ الَّذى تَدَفَّقَ مِن حَلقِك
أَحالَ كُلَّ شىءٍ وَ ما فِى الكائِناتِ اِلى قِطعَتَين
فِى اللَّون!
وَ الآنَ كُلُّ شىءٍ: اما أَحمَر
وَ اما لَيسَ حُسَينِيّا!

❖ ❖ ❖

آهٍ، يا مَن مَوتُكَ ميزان!
كَمِ اِستَهزَأَ مَوتُكَ بِالحَياة

وَ جَعَلَها بَخسَة
حَتَّى أَنَّ ميتَةً هكذا
أَضحَت أَمَلَ الحياة الكَبير!
لَكَم كانَ دَمُكَ مُقَدَّسا
فَمَعَ دينِك: وَقَفَت الحَقيقَة
فى كَفَّة واحِدَة
وَارادَتُكَ، غَدَت الضّامِنَ لاستِمرار العالَم
-اذ تَنسِفُ العالَمَ الكَذِب-
وَ دَمُكَ، توقيعُ «الحَق»؛
وَ مُقارَعَةُ الباطِل.

❖❖❖

يَجِبُ رُؤيَتُكَ فى الحَق
وَ فِى النَّباتِ، حينَ يَنمو
فِى الماءِ حينَ يَبتَر
وَ فِى اللَّيثِ حينَ يَزأَر
فِى الشَّفَقِ المُتَوَرِّد
فِى الفَلَقِ وَ هوَ بَسمَةُ الدَّم
فِى الارادَة
اَلانتِفاضَة؛
يَجِبُ رُؤيَتُكَ فِى الشَّقائِق
وَ شَمُّكَ فى الورود
يَجِبُ طَلَبُكَ مِن الشَّمس
البَحثُ عَنكَ فِى الفَجر
سَلخُكَ مِنَ اللَّيل

بَذرُكَ فِى البِذار
نَثرُكَ فِى الرِّياح
قَطافُكَ فِى العَناقيد
يَجبُ رويَتُكَ فِى اللهِ وَحدَه
مَتى ما أخرَجَ أيٌّ كانَ يَدَه
مِن جَناحِ الحَقيقَة
تَقَطَّرَ دَمُكَ مِن أناملِه.
الأبَديَّة، مرآةُ: تَقَدُّمِ قامَتِكَ الفارعَة عندَ الاقدام
الشَّمسُ لَيسَت أهلًا
وَ اِلّا لَقُلتُ شَرارَةُ نَظرَتِك.

❖ ❖ ❖

أنتَ، أكثرُ وَحدَةً مِنَ الشَّجاعَة
وَقَفتَ فِى الزّاويَةِ المُضيئَةِ مِن ضَميرِ التّاريخ
تَحرُسُ الحَقيقَة.
وَالاِخلاص
أحلى بَسمَةٍ
عَلى شَفَتَى اِرادَتِك.
كَم أنتَ شَديدُ القُوى، شامِخ
فعِندَ الرُّنُوّ
تَسقُطُ القُبَّعَةُ مِن عَلى رَأسِ صَبىّ العَقل
عَلى بِركَةٍ مِن دَمِك
وَقَفتَ فِى مِعبَرِ التّاريخ
بِقَدَحٍ مِّن ثَقافَة
تَسقِى الاِنسانيَّة العابِرَة

-كُلَّ مُتَعَطِّشٍ إِلَى الشَّهادَةِ-

❖❖❖

اِسمُكَ يَعصِفُ بِالكَرى
يُحيلُ الماءَ طوفانا.
كَلامُكَ قانُون
آلحِكمَةُ عِندَ عَزمِكَ جُنُون
كَلَمَتُكَ الوَحيدةُ الدَّم؛ اَلدَّم
أيُّها الرَّبّانى!
اَلرَّدى فى قَبضَتِك
أَذَلُّ مِن ذُبابة
يَقبِضُ عَلَيها الاَطفالُ بِشَيطَنة.
وَ «يَزيدُ» ذَريعَة
مِنديلٌ وَسِخٌ
بُصقت فيهِ بَلغَمُ الظُّلم
وَ اَلقَيَت بِهِ فى مَزبَلَةِ التّاريخ
«يَزيدُ» لَم يَكُن كَلِمَة
كانَ افتراء
عَلَقَةً ضَخمَة
كانَت تَمتَصُّ أُوكسيجينَ الهَواء
مُخَنَّثاً كانَ سُبَّةً لِلرُّجُولَة
قِرداً ذا ذَنبٍ عَظيم:
«سَرِقَةِ اِسمِ الانسان»
وَ سَلامٌ عَلَيك
فَأنتَ أعظَمُ مَظلوُم

لا لِاَنَّكَ استُشهِدتَ مُظَمَّاً
بَل لِاَنَّ عَدُوَّكَ هُوَ ذا.
مَوتُكَ الاَحمَر
لَم يُحَطِّم اِسمَ «يزيدَ» فَحَسب
و يَجعَل كَلِمَةَ ظُلم بِلا صُورَة
بَل كَذلِكَ يُحَطِّمُ حُشُودَ الكَلام
لَيسَ ثَمَّةَ كَلامٌ بَشَرى
لا يَتَحَطَّمُ أمامَك
يا مُحَطِّمَ الاُسُود
اِنَّ دَمَكَ يَفوقُ الكَلِمَة
دَمُكَ الطَّرِيحُ فيما وَراءَ الكَلام
فَوقَ مَدَى التّارِيخ
خارِجَ اتِّجاهِ الزَّمان
يَعبُرُ .
دَمُكَ جارٍ فَى صَمِيمِ الله

❖ ❖ ❖

يا ذَبيحَ الله
أنتَ اِسماعِيلُ الَّذى اصطَفاهُ الله
و رُؤيا اِبراهِيمَ الَّتى تَحَقَّقت
كَربَلاء مِيقاتُك
مُحَرَّم مِيعادُ العِشق
و أنتَ أوَّلُ مَن
أطالَ أيّامَ الحَجِّ إلى أربعِينَ يَوما
«وَ أتمَمناها بِعَشر»

آهِ،
سَّأحتَرِقُ حَسرَةً فی کُنهِ هذهِ المَسأَلَة
أن تَرَکتَ الحَجَّ مَنقوُصاً
عِندَ استِلامِ الحَجَر
وَ فی کَربَلاء
أَکمَلتَهُ بِتَقبیلِ الخِنجَر
مَوتُکَ
بَدءُ تاریخِ العِشق
بِدایَةُ اللَّونِ الأَحمَر
میزانُ الحَیاة.

❖❖❖

بِدَمِکَ یَبدأُ الخطَّ
مُنذُ وقفَتِکَ
انطلَقَ الدِّین
وَ لِأَنَّکَ وَقَعتَ
قامَ الحَقُّ
انکَسَرتَ
فَاستَقامَتِ الحقیقَة
وَ بِتَیّارِ دَمِک
تِداعی بُنیانُ الظُّلم

❖❖❖

فی خَریفِ مَوتِک
وُلِدَ رَبیعٌ خالِد
نَمَا النَّبات

اِزدَهَرَ الشَّجَر
فَما مِن غُصنٍ اِلّا وَلَهُ بُرعُمٌ أحمَر
فَإِن لَم يَكُن لَهُ
فَلَيسَ بِغُصن
حَطَبٌ جُفاءٌ ظَلَّ عَلَى الشَّجَرَة
أنتَ، كَشَفتَ سِرَّ المَوت
أيَّةُ عُقدَةٍ، لَم تُحَلَّ بِظِفرِ اِرادَتِك؟!
اَلشَرَفُ يَركُضُ خَلفَكَ لاهِثاً مُّتَوَسِّلا
أنتَ أسمى مِنَ الحَميّة
صَلاةٌ أنتَ، نِيَّة
اِتِّحادٌ، وَحَدة
آه أيُّهَا الاَخضَر
أيُهَا الاَخضَرُ الاَحمَر
يا أشرَفَ مِنَ النَّقاء
أنبَلَ مِن أيِّ ثَرى
أيُّهَا الحُلوُ المُمتَنِع
أيُّهَا المُمتَنِعُ الحُلو!
يا ساعِدَ «الحَديد»
لِسانَ الميزان
مَغزَى الكِتاب، مَعنى القُرآن!
نَظرَتُكَ سِلسِلَةُ التَّفاسير
خُطاكَ ثِقلُ الأرض
وَ عِمادُ الاَفلاك
اَينَ يَسرى الله فيكَ

حَتّى تَتَرَقرَقَ مِن شَفَتَيكَ الآيات
عَجَبا!
عَجَباً لَكَ، عَجَبا!
حَيرَتى فيكَ مالَها مِن نِهايَة
تُرى كَيفَ يُمكِنُ بِكُشتُبانٍ
مِن كَلِمات
أَن يُكالَ المُحيط؟

❖ ❖ ❖

دَعنى أَبكى
فَدَمُكَ، تَواصَلَ فى دُمُوعِنا
اِنصَهَر
وَ غَدا سَيفا
وَ فى بُؤرَة الظُّلم اِستَقَرّ
أَنتَ القُرآنُ الأَحمَر
نَقَشتَ «دَمَ آياتٍ» بَسالَتِك
عَلى رِقِّ الصَّحراءِ المَديد
وَ النُّقوشُ
أَضحَت مَزرَعَة
بِعَناقيدَ حُمر
وَ غَدا العالَمُ مَزرَعَة
عُنقُوداً، عُنقُوداً، دَم.
وَ كُلُّ ساقٍ:
يَدٌ وَّ مِنجَلٌ وَّ سَيف
حَشَّت جُذورَ الظُّلم

وَ الآنَ
وَ عَلَى الدَّوام
اَلمَزرَعَةُ حمراء

❖❖❖

يا ثَارَالله
ذلِكَ الفِردَوسُ، الَّذى زَرَعتَهُ فِى الصَّحراءِ المُحرِقَة،
ذُوالثِّمارِ الحُمر
ذُوالاَنهارِ الجاريةِ الدّاميَة
ذُو غَرسِ الشَّهادَةِ الاَحمَر
وأشجارِ السَّروِ تِلكَ الخَضراءِ الباسِلَة؛
حَديقةٌ يَجِبُ رُؤيَتُها بِعَينِ العِشق
«الأكبَر»
الصَّنُوبَر
«أبوالفَضائل»
وَ الباسِقاتُ الحَمراءُ الشّامِخات.

❖❖❖

«حُرّ»، لَيسَ شَخصا.
فَضيلَة،
ظَلَّ بِمَعزِلٍ عَن زادِ قافِلَةِ المَحَبَّة
فاللِّقاءُ عَلَى ضَفَّةِ النَّهرَ الأخرى
وَ كَلامُكَ وَ نَظرَتُكَ
جِسر
يُعيدُ الانسانَ اِلى ذاتِه
وَالزّادَ اِلَى القافِلَة

وَ اما حِضنُك
فَيُحرِقُ
الجَماجِمَ العارِيَة
فِى اللَّهفَةِ اِلَى اللُّجُوء
غِبطَةً مِنها رَأسَ حُرِّ القانِيَة
الَّتِى فِى حِجرِك.

❖ ❖ ❖

أَيُّهَا القَتِيل
بَعدَكَ
«الطِّيبَةُ» حَمراء
وَ نُواحُ المَأ تَم
خِنجَر
وَ الحُزنُ عَلَيكَ زادُ السَّفر
اِلَى اللّامَكان
وَ آثارُ دَمِك، اَلسَّبِيلُ السَّوى اِلى بَيتِ الله...
أَنتَ مِن قبيلةِ الدَّم
وَ نَحنُ مِن أصلِ الجُنُون
دَمُكَ غاضَ فِى الرِّمال
وَ فارَ مِن الصَّخر
يا حَدِيقَةَ التَّأَ مُّل
لَيسَ لِلظُّلمِ عَدُوٌّ أَسنى مِنك
وَ لا لِلمَظلوم، نَصِيرٌ أَشهَرُ مِنك
أَنتَ دُرُوسُ التَّارِيخ المُكَثَّفَة.
كَربَلاؤُكَ،

لَيسَت جَحافِل
وَ إِنَّما مَنظُومَةُ الوُجُودِ الكُبرى
طَوافٌ هِی.

❖ ❖ ❖

نِهايَةُ الحَديث
نِهايَتی أَنَا.
فَأَنتَ مالَکَ مِن مُنتَهى

طهران
عاشوراء ۱۴۰۰ هجری قمری

از همین مجموعه منتشر شده است

از سری کتاب‌های **شعر** منتشر شده است:

جهت دریافت اطلاعات بیشتر با شماره تلفن‌های ۶۶۴۶۰۹۹۳-۶۶۴۶۹۹۴۸ تماس حاصل نمایید.

عنوان	نویسنده
آبیدرانه	مهدی نامدار
آتش سواران (سرودهای دفاع مقدس)	عباس براتی پور
آخر شخص مفرد	عارفه دهقانی
اتوبوس نیامدن	رضا علی‌اکبری
از ابتدای غنچه تا انتهای گل	داود لطف اله
از دوست داشتن در تمام جهان	مجتبی صادقی
از شب سرد زمین	زهرا محدثی خراسانی
از نخلستان تا خیابان	علرضا قزوه
اشعار زندانی هوشی مینه	منوچهر بصیر
اشکی بر آستان نیاز	عزیزه شاهرخی
اقلیت	فاضل نظری
الفهای غلط	علی‌محمد مؤدب
املت دسته‌دار	ناصر فیض
این قوم ناگهان	سیمین‌دخت وحیدی
با کاروان نیزه	علیرضا قزوه
بادبادکهای دیار مادری	اصغر معاذی مهربانی
بادها خواهران من‌اند	محبوبه ابراهیمی
بارش خورشید	مرتضی نوربخش

عنوان	نویسنده
باغ‌های معلق انگور	سید ضیاء قاسمی
برآشفتن گیسوی تاک	علی موسوی گرمارودی
براده‌ها	سید حسن حسینی
برگزیده اشعار خلیل اله خلیلی	بهروز ثروتی
بوی غریب ماه	حسین ابراهیمی
به جرم شعر	علی حاجتیان فومنی
بی‌خوابی عمیق	محمد مهدی سیار
بیدل به انتخاب بیدل	شریف حسین قاسمی
پادشاه است حسین	
پری بهانه‌ها	قادر طهماسبی
پری شدگان	قادر طهماسبی
پری‌ستاره‌ها	قادر طهماسبی (فرید)
پشت دنیای بی‌اتفاقی	فرشید یوسفی
پلاکاردها	عبدالرضا یایی‌نیا
پنجره‌های همیشه باز	احد ده بزرگی
پنجره‌ای به آفتاب	عباس کیمنش (مشفق)
پیاده‌ها	امیر مهدی نژاد
پیرتر از خود	حمیدرضا شکارسری

عنوان	نویسنده
پیوند زیتون بر شاخه ترنج	علی موسوی گرمارودی
تا محراب دو ابرو	علی موسوی گرمارودی
تبسم یک قافله آه	اکبر بهداروند
ترانه ماهی‌ها	کبری موسوی
ترانه‌های مقاومت	جابر عناصری
تهران شبیه هر شب دیگر سیاه بود	آرش شفاعی
چای چوپان	عباس احمدی
چهارصد ترانه عاشقانه	رنجبر گل محمدی
حرف آخر عشق	قیصر امین پور
خاک نغمه ها	عباس باقری
خواب ارغوانی	علی موسوی گرمارودی
در آستان سپیده	مجموعه‌ای از شاعران استان گیلان
در حلقه رندان (ج ۱)	دفتر طنز حوزه هنری
دستان	یوسف نیکنام
دل و دریا	عباس براتی پور
دیوان صیدی تهرانی	محمد قهرمان
ذکر مزامیر	حافظ ایمانی
راز رشید	دکتر محمدرضا سنگری

عنوان	نویسنده
راز یک لبخند	محمدخلیل جمالی
رجعت سرخ ستاره	علی معلم دامغانی
رنگهای پشت در	سید حبیب نظاری
روزهای مندرس	عباس قادری
زبان زاگرس	محمدکاظم علی‌پور
زخم بی‌بهبود	سید عبدالجواد موسوی
زخم و نمک	سید عبدالجواد موسوی
زلیخانامه	داود فتحعلی بیگی
زیر پوست شهر	پروانه نجاتی
سفر به فطرت گل سنگ	علی موسوی گرمارودی
شب ستاره گیسو	انیسه موسویان
شرجی آواز	احمد عزیزی
شرحه شرحه ست صدا در باد	علی معلم دامغانی
شروه‌ها	احد ده‌بزرگی
شعر عترت	محمدرضا یاسری
شهود شرقی	زهرا محدثی خراسانی
عقیق‌های فصل یادگاری	اسماعیل فیروزی
قوطی بگیر بینیشون	اسفندیار ساکنیان

Soore Mehr Publishing House
Center for literary Creations

Heavenly Eearring
By Ali Mousavi Garmaroudi

Published by H&S Media with copyright of Soore Mehr
2014 Print on-demand
ISBN: 978 - 600 - 175 - 809 - 6
All right reserved. No reproduction without writter permission from publisher.

Soore Mehr Publishing House

Add: No 23, Rasht St.,Hafez Ave.,Tehran
15815-1144,Iran
www.iricap.com
Tel: +98 2161942
Fax:+98 2166469951

Heavenly Earring

By:
Ali Mousavi Garmaroudi

2014